The Secret™

O SEGREDO

The Secret

O SEGREDO

Rhonda Byrne

Ediouro

Título original
The Secret

Tradução
Alexandre Martins | Alice Xavier | Marcos José da Cunha

Capa
Gozer Media P/L

Copidesque
Maria Helena Torres

Revisão
Damião Nascimento

Produção editorial
Cristiane Marinho

Dados Internacionais de Catalogação na Publicação (CIP)
(Câmara Brasileira do Livro, SP, Brasil)

Byrne, Rhonda
The Secret - O Segredo / Rhonda Byrne; (tradução Alexandre Martins, Alice Xavier, Marcos José da Cunha). - São Paulo: Ediouro, 2009.

Título original: The Secret
ISBN 978-85-00-33075-9

1. Atrações 2. Autoconhecimento - Teoria 3. Pensamento 4. Pensamento novo 5. Realização pessoal 6. Sucesso I. Título.

09-00770 CDD - 302.13

Índices para catálogo sistemático:
1. Lei da atração: Poder do pensamento: Psicologia social 302.13

13ª Reimpressão / Edição Comemorativa

Rua Nova Jerusalém, 345 – Bonsucesso
Rio de Janeiro – RJ – CEP: 21042-235
Tel.: (21)3882-8200 – Fax: (21)3882-8212/8313
www.ediouro.com.br

O que está em cima é como o que está embaixo.
O que está dentro é como o que está fora.

— *Tábua de Esmeraldas*, cerca de 3000 a.C.

Dedicado a Você

Que O Segredo lhe traga amor
e alegria durante toda a sua existência.

É isso que desejo para você
e para o mundo.

Sumário

Prefácio

Há um ano, minha vida desmoronou. Eu estava exausta de tanto trabalhar, meu pai morreu subitamente e meus relacionamentos amorosos e com meus colegas de trabalho eram turbulentos. Eu mal sabia, na época, que do meu maior desespero viria o maior presente.

Vislumbrei um Grande Segredo — O Segredo da vida. Veio num livro centenário que ganhei de minha filha Hayley. Comecei a investigar O Segredo ao longo da história. Não acreditei em quantas pessoas o conheciam. Eram as maiores personalidades da história: Platão, Shakespeare, Newton, Hugo, Beethoven, Lincoln, Emerson, Edison, Einstein.

Incrédula, perguntei: "Por que nem *todo mundo* sabe disto?" Um desejo ardente de partilhar O Segredo com o mundo me consumia, e comecei a procurar pessoas vivas que o conhecessem.

Uma a uma, elas começaram a surgir. Eu me tornei um ímã: quando comecei a procurar, grandes mestres vivos, uns após os outros, eram atraídos por mim. Quando descobria um, ele se conectava ao seguinte, numa corrente perfeita. Se eu estivesse no caminho errado, alguma outra coisa desviava a minha atenção, e, nesta mudança de rumo, o próximo grande mestre aparecia. Se eu "acidentalmente" clicasse no *link* errado numa busca na internet, era levada a uma informação relevante. Em pouquíssimas semanas, eu havia investigado O Segredo ao longo dos séculos e descoberto as pessoas que hoje o praticam.

O sonho de divulgar O Segredo para o mundo num filme se transformou numa idéia fixa, e nos dois meses seguintes a equipe de produção do meu filme e do programa de tevê conheceu O Segredo. Era imprescindível que cada membro da equipe o conhecesse, pois, de outra forma, o que estávamos prestes a tentar seria impossível.

Não tínhamos conseguido um único mestre sequer para filmar, mas conhecíamos O Segredo, e assim, com fé absoluta, embarquei num avião na Austrália com destino aos Estados Unidos, onde morava a maioria dos mestres. Sete semanas mais tarde, a equipe de *The Secret — O Segredo* havia filmado 120 horas com 55 dos maiores mestres em todos os Estados Unidos. A cada passo, a cada respiração, usávamos O Segredo para criar *The Secret — O Segredo*. Nós literalmente atraíamos como um ímã tudo e todos. Oito meses mais tarde, *The Secret — O Segredo* foi lançado.

À medida que o filme impressionava o mundo, muitas histórias de milagres começaram a surgir: as pessoas escreviam sobre cura de dor crônica, depressão e doenças; contavam como voltaram a andar depois de um acidente; até mesmo sobre sua recuperação depois de terem estado à beira da morte. Recebemos milhares de relatos do uso do Segredo para produzir grandes somas de dinheiro e fazer surgir cheques inesperados em meio à correspondência. As pessoas têm usado O Segredo para falarem sobre seus lares perfeitos, cônjuges ou companheiros, carros, empregos e promoções, com muitos relatos de negócios sendo alavancados logo após a utilização do Segredo. E ainda histórias enternecedoras de relacionamentos familiares em crise e que voltaram a ser harmoniosos.

Algumas das histórias mais interessantes que recebemos vieram de crianças que usam O Segredo para atrair o que desejam, incluindo notas altas e amigos. O Segredo inspirou médicos a partilhar o conhecimento com seus pacientes; universidades e escolas, com seus alunos; spas, com seus clientes; igrejas de todas as denominações e centros espirituais, com suas congregações. Reuniões sobre O Segredo são realizadas em lares de todo o mundo, porque as pessoas partilham o conhecimento com seus amigos e familiares. O Segredo tem sido usado para atrair todos os tipos de coisas — de um estado de espírito específico a 10 milhões de dólares. Tudo isso começou a acontecer em poucos meses depois do lançamento do filme.

Minha intenção ao criar *The Secret — O Segredo* era — e ainda é — levar alegria a bilhões de pessoas ao redor do mundo. A equipe de *The Secret — O Segredo* está vivenciando a concretização dessa intenção todos os dias, porque recebemos milhares e milhares de cartas de pessoas do mundo inteiro, de todas as idades, raças e nacionalidades, expressando gratidão pela alegria do Segredo. Não existe uma única coisa que você não possa fazer com esse conhecimento. Não importa quem você é ou onde está, O Segredo pode lhe dar o que você quiser.

Vinte e quatro mestres conceituados são apresentados neste livro. Os depoimentos deles foram filmados em todo os Estados Unidos, em diferentes ocasiões, e no entanto eles falam em uníssono. Este livro contém as palavras dos mestres do Segredo, bem como histórias milagrosas do Segredo em ação. Eu partilhei todos os caminhos das pedras, dicas e atalhos que aprendi para que você possa viver a vida dos seus sonhos.

Em certos trechos usei a palavra "Você" com inicial maiúscula, porque quero que você, leitor, sinta e saiba que criei este livro para você. Falo pessoalmente com você quando digo "Você". Minha intenção é que você sinta com ele um vínculo pessoal, porque O Segredo foi criado para Você.

À medida que percorrer estas páginas e aprender O Segredo, você passará a saber como pode ter, ser ou fazer o que quiser. Passará a saber quem realmente é. Passará a saber a verdadeira grandeza que está à sua espera na vida.

Agradecimentos

Agradeço profundamente a todas as pessoas que entraram na minha vida e me inspiraram, comoveram e iluminaram com a sua presença.

Também expresso minha gratidão às seguintes pessoas pelo enorme apoio e contribuições à minha jornada e à criação deste livro:

Por partilharem com generosidade sua sabedoria, amor e virtude suprema, presto homenagem aos co-autores apresentados em *The Secret — O Segredo*: John Assaraf, Michael Bernard Beckwith, Lee Brower, Jack Canfield, dr. John Demartini, Marie Diamond, Mike Dooley, Bob Doyle, Hale Dwoskin, Morris Goodman, dr. John Gray, dr. John Hagelin, Bill Harris, dr. Ben Johnson, Loral Langemeier, Lisa Nichols, Bob Proctor, James Ray, David Schirmer, Marci Shimoff, dr. Joe Vitale, dr. Denis Waitley, Neale Donald Walsch e dr. Fred Alan Wolf.

Aos extraordinários seres humanos que formam a equipe de produção de *The Secret — O Segredo*: Paul Harrington, Glenda Bell, Skye Byrne e Nic George.

Também a Drew Heriot, Daniel Kerr, Damian Corboy e a todos que empreenderam a jornada conosco na criação do filme *The Secret — O Segredo.*

A Gozer Media, pela criação das magníficas ilustrações e por impregná-las com o espírito do Segredo, e a James Armstrong, Shamus Hoare e Andy Lewis.

Ao diretor geral do Segredo, Bob Rainone, que nos caiu do céu.

A Michael Gardiner e à equipe jurídica e de consultoria na Austrália e nos Estados Unidos.

À equipe da página do Segredo na internet: Dan Hollings, John Herren, e a todos da Powerful Intentions que organizam e administram o Fórum do Segredo, junto com seus maravilhosos participantes.

Aos grandes avatares e mestres do passado, cujos escritos acenderam um fogo ardente de desejo dentro de mim. Tenho caminhado à sombra de sua grandeza, e os reverencio. Agradecimentos especiais a Robert Collier e Robert Collier Publications, Wallace Wattles, Charles Haanel, Joseph Campbell e Joseph Campbell Foundation, Prentice Mulford, Genevieve Behrend e Charles Fillmore.

A Richard Cohn e Cynthia Black, da Beyond Words, e a Judith Curr, da Simon & Schuster, por abrirem seus corações e abraçarem O Segredo. Pela preparação dos originais, a Henry Covi e Julie Steigerwaldt.

Pela generosidade em partilhar suas histórias, a Cathy Goodman; Susan e Colin Sloate; Susan Morrice, diretora da Belize Natural Energy; Jeannie MacKay; e Joe Sugarman.

Por seus ensinamentos inspiradores, ao dr. Robert Anthony, a Jerry e Esther Hicks e aos ensinamentos de Abraão, David Cameron Gikandi, John Harricharan, Catherine Ponder, Gay e Katie Hendricks, Stephen MR Covey, Eckhart Tolle e Debbie Ford. Pelo apoio generoso, a Chris e Janet Attwood, Marcia Martin, membros do Transformational Leaders Council, ao Spiritual Cinema Circle, ao pessoal do Agape Spiritual Center, e aos assistentes e à equipe de todos os mestres que aparecem em *The Secret — O Segredo*.

Aos meus preciosos amigos por seu amor e apoio: Marcy Koltun-Crilley, Margaret Rainone, Athena Golianis e John Walker, Elaine Bate, Andrea Keir, e Michael e Kendra Abay. E à minha maravilhosa família: Peter Byrne; minhas irmãs muito especiais: Jan Child, por sua inestimável ajuda na elaboração deste livro, Pauline Vernon, Kaye Izon (falecida) e Glenda Bell, que está sempre ao meu lado, e cujo amor e apoio não têm limites. À minha corajosa e bela mãe, Irene Izon, e à memória de meu pai, Ronald Izon, cuja luz e amor continuam a brilhar em nossas vidas.

E, por fim, às minhas filhas, Hayley e Skye Byrne. A Hayley, que foi responsável pelo início da minha vida e sua verdadeira jornada, e a Skye, que seguiu meus passos na criação deste livro, e que brilhantemente revisou e transformou minhas palavras. Minhas filhas são as jóias preciosas da minha vida, e iluminam com a sua existência o meu próprio ato de respirar.

O Segredo Revelado

Bob Proctor

FILÓSOFO, ESCRITOR E CONSULTOR PESSOAL

O Segredo lhe dá tudo o que você quiser: felicidade, saúde e riqueza.

Dr. Joe Vitale

DOUTOR EM CIÊNCIA METAFÍSICA, ESPECIALISTA EM MARKETING E ESCRITOR

Você pode ter, fazer ou ser o que quiser.

John Assaraf

EMPRESÁRIO E ESPECIALISTA NA ARTE DE GANHAR DINHEIRO

Nós podemos ter qualquer coisa que escolhermos. Não me importo com o tamanho do desafio.

Em que tipo de casa você quer morar? Quer ser milionário? Que tipo de negócio quer ter? Quer mais sucesso? O que você realmente quer?

DR. JOHN DEMARTINI

FILÓSOFO, QUIROPRÁTICO, TERAPEUTA NATURAL E ESPECIALISTA EM TRANSFORMAÇÃO PESSOAL

Este é o Grande Segredo da vida.

DR. DENIS WAITLEY

PSICÓLOGO E CONSULTOR NA ÁREA DE POTENCIAL DA MENTE

Os líderes do passado que detinham O Segredo queriam manter o poder, e não compartilhá-lo. Cultivavam a ignorância do Segredo. As pessoas iam para o trabalho, faziam suas tarefas e voltavam para casa. Não havia poder em sua rotina, porque O Segredo era mantido por poucos.

Ao longo da história, muitas pessoas cobiçaram o conhecimento do Segredo, e muitas encontraram uma forma de difundir esse conhecimento para o mundo.

MICHAEL BERNARD BECKWITH

VISIONÁRIO E FUNDADOR DO AGAPE INTERNATIONAL SPIRITUAL CENTER

Vi muitos milagres acontecerem na vida das pessoas.

Milagres financeiros, de cura física e mental, cura de relacionamentos.

JACK CANFIELD

ESCRITOR, PROFESSOR, CONSELHEIRO E CONFERENCISTA MOTIVACIONAL

Tudo isto aconteceu por se saber como usar O Segredo.

O que é O Segredo?

BOB PROCTOR

Você provavelmente está se perguntando: "O que é O Segredo?" Eu vou lhe contar como passei a entendê-lo.

Todos nós lidamos com um poder infinito e nos guiamos exatamente pelas mesmas leis. As leis naturais do Universo são tão precisas, que não há dificuldade em construir espaçonaves. Podemos enviar pessoas à Lua, marcando a hora do pouso com a precisão de frações de segundo.

Onde quer que você esteja — Índia, Austrália, Nova Zelândia, Estocolmo, Londres, Toronto, Montreal ou Nova York —, todos lidamos com um único poder, uma única Lei: a atração!

O Segredo é a lei da atração!

Tudo o que entra em sua vida é você quem atrai, por meio das imagens que mantém em sua mente. É o que você está pensando. Você atrai para si o que estiver se passando em sua mente.

"Cada pensamento seu é uma coisa real — uma força."

Prentice Mulford (1834–1891)

Os maiores mestres de todos os tempos revelaram que a lei da atração é a lei mais poderosa do Universo.

Poetas como William Shakespeare, Robert Browning e William Blake recitaram-na em seus versos. Músicos como Ludwig van Beethoven expressaram-na em sua música. Artistas como Leonardo da Vinci representaram-na em suas pinturas. Grandes pensadores, entre eles Sócrates, Platão, Ralph Waldo Emerson, Pitágoras, *sir* Francis Bacon, *sir* Isaac Newton, Johann Wolfgang von Goethe e Victor Hugo, partilharam-na em seus escritos e ensinamentos. Seus nomes foram imortalizados, e sua existência lendária sobreviveu aos séculos.

Religiões como o hinduísmo, as tradições herméticas, o budismo, o judaísmo, o cristianismo e o islamismo, e civilizações, como a dos antigos babilônios e egípcios, transmitiram-na por meio de seus escritos e histórias. Registrada através das eras em todas as suas formas, a lei pode ser encontrada em textos antigos ao longo de todos os séculos. Ela foi gravada em pedra em 3000 a.C. Muito embora algumas pessoas cobiçassem esse conhecimento, e de fato o cobiçaram, ele sempre esteve lá para ser descoberto por qualquer um.

A lei começou nos primórdios dos tempos. Ela sempre existiu e sempre existirá.

É a lei que determina a completa ordem no Universo, cada momento de sua vida e cada coisa que nela você vivencia. Não importa quem você é ou onde está: a todo-poderosa lei da atração dá forma a toda a sua experiência de vida ao ser posta em ação pelos seus pensamentos.

Em 1912, Charles Haanel descreveu a lei da atração como "a maior e a mais infalível lei, da qual depende todo o sistema da criação".

BOB PROCTOR

As pessoas sábias sempre souberam disso. Você pode voltar aos antigos babilônios. Eles sempre souberam disso. Trata-se de um pequeno e seleto grupo de pessoas.

Os antigos babilônios e sua notável prosperidade foram bem documentados pelos estudiosos, e são conhecidos pela criação de uma das Sete Maravilhas do Mundo, os Jardins Suspensos da

Babilônia. Por sua compreensão e aplicação das leis do Universo, eles se tornaram um dos povos mais ricos da história.

Bob Proctor

Por que você acha que 1% da população ganha cerca de 96% de todo o dinheiro que circula? Você acha que isso acontece por acaso? Isso é planejado assim. Esse 1% entende algo. Eles entendem O Segredo, e agora você está sendo apresentado a ele.

As pessoas que atraíram riqueza para suas vidas usaram O Segredo, consciente ou inconscientemente. Com pensamentos de abundância e riqueza, elas não permitem que nenhum pensamento contraditório se fixe em suas mentes. Seus pensamentos predominantes são de riqueza, que é tudo que conhecem, e não existe mais nada em suas mentes. Estejam ou não a par disso, são seus pensamentos predominantes de riqueza que lhes trazem riqueza. É a lei da atração em ação.

Eis um exemplo perfeito para demonstrar O Segredo e a lei da atração em ação: "você deve conhecer alguém que tenha enriquecido muito, perdido tudo e, em pouco tempo, enriquecido de novo." O que aconteceu, nesses casos, independentemente de elas saberem ou não, é que seus pensamentos dominantes estavam concentrados na riqueza; foi assim que, no primeiro momento, elas enriqueceram. Depois, permitiram que pensamentos terríveis de perda entrassem em suas mentes e se transformassem em seus pensamentos dominantes. Fizeram a balança pender de pensamentos de riqueza para pensamentos de perda, e assim perderam tudo. No entanto, após terem perdido toda a riqueza, o medo da perda desapareceu, e elas retomaram pensamentos dominantes de riqueza. E a riqueza retornou.

A lei reage a seus pensamentos, não importa quais sejam.

Semelhante atrai semelhante

JOHN ASSARAF

Para mim, a forma mais simples de entender a lei da atração é me imaginar como um ímã. E eu sei que um ímã vai exercer a atração.

Você é o ímã mais poderoso do Universo! Você contém uma força magnética dentro de si mais poderosa do que qualquer coisa neste mundo, emitida por seus pensamentos.

BOB DOYLE

ESCRITOR E ESPECIALISTA NA LEI DA ATRAÇÃO

Em resumo, a lei da atração diz que semelhante atrai semelhante. Mas nós estamos falando, de fato, sobre pensamento.

Segundo a lei da atração, *semelhante atrai semelhante*; assim, quando você tem um pensamento, está atraindo pensamentos *semelhantes* para si. Eis exemplos da lei da atração que você pode ter vivenciado em sua vida: você alguma vez começou a pensar em alguma coisa com a qual não estava feliz, e, quanto mais pensava, pior ela parecia? Isso acontece porque, quando você tem um pensamento constante, a lei da atração imediatamente lhe traz mais pensamentos *semelhantes*. Em questão de minutos, você teve tantos pensamentos *semelhantes* infelizes, que a situação parecia estar piorando. Quanto mais pensa nisso, mais perturbado você fica.

Você pode ter passado pela experiência de atrair pensamentos *semelhantes* ao ouvir uma canção, e depois descobriu que não conseguia tirá-la da cabeça. Ela simplesmente continuava tocando em sua cabeça. Quando ouviu aquela canção, ainda que sem perceber, você concentrou toda a sua atenção e pensamento nela. Assim atraiu poderosamente mais pensamentos *semelhantes* daquela canção, ativando, a lei da atração, que passou a transmitir mais pensamentos daquela canção repetidas vezes.

John Assaraf

Nós, seres humanos, temos como tarefa nos agarrar aos pensamentos daquilo que desejamos, tornar completamente claro em nossas mentes o que desejamos, e, a partir daí começarmos a invocar uma das maiores leis do Universo: a lei da atração. Você se torna aquilo em que mais pensa, mas também atrai aquilo em que mais pensa.

Sua vida neste momento é reflexo de seus pensamentos passados. Isso inclui todas as coisas importantes, e as que você não considera tão importantes. Como você atrai aquilo em que mais pensa, é fácil saber quais têm sido seus pensamentos dominantes em cada área de sua vida, porque foi o que você vivenciou. Até agora! Agora você está conhecendo O Segredo, e com esse conhecimento poderá mudar tudo.

Bob Proctor

O que você vê na sua mente é o que vai ter na mão.

Se você pode pensar sobre o que quer e faz disso seu pensamento dominante, você trará isso para sua vida.

Mike Dooley

ESCRITOR E CONFERENCISTA INTERNACIONAL

Esse princípio pode ser resumido em três simples palavras: Pensamentos viram coisas!

Por meio dessa lei poderosíssima, seus pensamentos se transformam nas coisas de sua vida. Repita isso para si mesmo e deixe isso penetrar em sua consciência e percepção. Seus pensamentos se transformam em coisas!

John Assaraf

O que a maioria das pessoas não entende é que um pensamento tem uma freqüência. Nós podemos medir um pensamento.

Portanto, se você tem um pensamento repetidas vezes, se está imaginando ter aquele carro zero-quilômetro, ou ter o dinheiro de que precisa, fundar aquela empresa, encontrar sua alma gêmea... se está imaginando como são essas coisas, você emite essa freqüência consistentemente.

Dr. Joe Vitale

Os pensamentos enviam o sinal magnético que atrai esse paralelo para você.

> "O pensamento predominante ou a atitude mental é o ímã, e a lei é a de que o semelhante atrai o semelhante; conseqüentemente, a atitude mental sempre atrairá as condições que correspondam à sua natureza."
>
> Charles Haanel (1866–1949)

Os pensamentos são magnéticos, e os pensamentos têm uma freqüência. Quando você pensa, emite para o Universo pensamentos que atraem magneticamente todas as coisas *semelhantes* que estejam na mesma freqüência. Tudo o que é emitido retorna à fonte. E essa fonte é Você.

Pense assim: nós sabemos que a torre de uma emissora de televisão transmite através de uma freqüência, que é transformada em imagens em seu televisor. Na verdade, a maioria de nós não entende como isso funciona, mas sabemos que cada canal tem uma freqüência e, quando sintonizamos naquela freqüência, as imagens aparecem em nosso televisor. Escolhemos a freqüência selecionando o canal, e então recebemos as imagens que ele transmite. Se quisermos ver imagens diferentes em nosso televisor, mudamos de canal e sintonizamos outra freqüência.

Você é uma torre de transmissão *humana* e é mais poderoso do que qualquer torre de televisão criada na Terra. É a mais poderosa torre de transmissão do Universo. A transmissão que se propaga de você cria sua vida e o mundo. Sua freqüência vai além de cidades, países, e do mundo. Ela repercute por todo o Universo. E você transmite essa freqüência *com seus pensamentos*!

As imagens que você recebe da transmissão de seus pensamentos não estão numa tela de TV em sua sala: elas são imagens da sua *vida*! Seus pensamentos criam a freqüência, atraem coisas *semelhantes* naquela freqüência, que em seguida lhe são transmitidas de volta como as imagens de sua vida. Se você quer mudar algo em sua vida, mude o canal e a freqüência mudando seus pensamentos.

> "As vibrações das forças mentais são as mais sutis e, conseqüentemente, as mais poderosas que existem."
>
> Charles Haanel

Bob Proctor

Imagine-se vivendo bem, e você atrairá isso. Sempre dá certo, com qualquer pessoa.

Quando se imagina vivendo em abundância, você está poderosa e conscientemente determinando sua vida pela lei da atração. Isso é simples assim. Mas, então, surge a pergunta mais óbvia: "Por que nem todas as pessoas estão vivendo a vida dos seus sonhos?".

Atraia o bem e não o mal

John Assaraf

Eis o problema: a maioria das pessoas pensa no que não quer e se pergunta por que é que isso sempre acontece.

O único motivo por que as pessoas não têm o que desejam é que elas pensam mais no que *não* desejam do que naquilo que *de fato* desejam. Ouça seus pensamentos e as palavras que você está dizendo. A lei é absoluta, e não existem erros.

Uma epidemia pior do que qualquer praga que a humanidade já viu vem se propagando há séculos: é a epidemia do "não quero". As pessoas mantêm viva essa epidemia quando pensam, falam, agem e se concentram predominantemente no que "não querem". Mas esta é a geração que vai mudar a história, porque estamos recebendo o conhecimento para nos livrar dessa epidemia! Isso começa com você, que pode se tornar um pioneiro deste novo movimento do pensamento ao pensar e falar sobre o que deseja.

Bob Doyle

A lei da atração não se importa se você acha algo como bom ou ruim, ou se você o deseja ou não. Ela apenas reage aos seus pensamentos. Portanto, se você pensa em uma montanha de dívidas, sentindo-se péssimo em relação a isso, esse é o sinal que você está propagando no Universo. "Eu me sinto realmente mal por causa de todas as dívidas que contraí." Você está simplesmente afirmando isso para si mesmo. Você sente isso em cada nível de seu ser. E é disso que você vai ter mais.

A lei da atração é a lei da natureza. É impessoal e não distingue as coisas boas das más. Recebe seus pensamentos e os reflete de volta a você como sua experiência de vida. A lei da atração simplesmente lhe dá seja lá o que for que esteja em seu pensamento.

Lisa Nichols

Escritora e defensora da capacitação pessoal

A lei da atração é mesmo obediente. Quando você pensa nas coisas que quer objetivamente, e se concentra nelas, a lei da atração lhe dará o que você quiser, todas as vezes. Quando você se concentra nas coisas que não quer — "Eu não quero me atrasar" —, a lei da atração não entende que você não quer aquilo. Ela manifesta as coisas em que você está pensando, e assim elas vão acontecer repetidas vezes. A lei da atração não é influenciada por coisas do tipo quero ou não quero. Quando se concentra em algo, seja lá o que for, você de fato está fazendo com que ele passe a existir.

Quando você concentra seus pensamentos em algo que deseja, e se mantém concentrado, naquele momento você está pedindo o que deseja com o poder mais forte do Universo. A lei da atração não computa "não", "nem" ou "nunca", ou nenhuma outra palavra de negação. Quando você fala negativamente, isto é o que a lei da atração recebe.

"Eu não quero derramar coisa alguma nesta roupa."
"Eu quero derramar alguma coisa nesta roupa e em outras coisas."

"Eu não quero um corte de cabelo feio."
"Eu quero cortes de cabelo feios."

"Eu não quero me atrasar."
"Eu quero atrasos."

"Eu não quero que aquela pessoa seja rude comigo."
"Eu quero que aquela e mais pessoas sejam rudes comigo."

"Eu não quero que o restaurante ceda nossa mesa a outros."
"Eu quero que os restaurantes cedam nossas mesas a outros."

"Eu não quero que estes sapatos machuquem."
"Eu quero que os sapatos machuquem."

"Eu não consigo dar conta de todo este trabalho."
"Eu quero mais trabalho do que posso dar conta."

"Eu não quero pegar um resfriado."
"Eu quero o resfriado e quero pegar mais doenças."

"Eu não quero discutir."
"Eu quero mais discussão."

"Não fale comigo desse jeito."
"Eu quero que você e outras pessoas falem comigo desse jeito."

A lei da atração lhe dá aquilo em que você pensa — e ponto final!

Bob Proctor

A lei da atração está sempre funcionando, quer você acredite nela ou não, quer a entenda ou não.

A lei da atração é a lei da criação. Os físicos quânticos dizem que o Universo inteiro surgiu do pensamento! Você cria sua vida por meio de seus pensamentos e da lei da atração, todos fazem isso. Para funcionar não é preciso que você a conheça. Ela sempre funcionou em sua vida e na de outras pessoas ao longo da história. Quando se torna *consciente* dessa grande lei, você se torna *consciente* de que é incrivelmente poderoso por ser capaz de criar sua vida pelo ato de PENSAR.

LISA NICHOLS

Ela funciona sempre que você pensa. Toda vez que seus pensamentos fluem, a lei da atração está funcionando. Quando você está pensando no passado no presente ou no futuro, a lei da atração está funcionando. É um processo contínuo. Não há como pressionar a tecla "Pausa", ou a tecla "Parar". Ela está sempre em ação, assim como seus pensamentos.

Quer percebamos ou não, nós pensamos durante a maior parte do tempo. Quando está falando com uma pessoa ou ouvindo-a, ou quando está lendo o jornal ou assistindo à TV, você está pensando. Quando evoca lembranças do passado ou reflete sobre algo no seu futuro, você está pensando. Quando está dirigindo ou se arrumando de manhã, você está pensando. Para muitos, o único tempo em que não pensamos é quando estamos dormindo; contudo, as forças de atração ainda operam nos nossos últimos pensamentos quando adormecemos. Antes de dormir, transforme seus últimos pensamentos nos melhores possíveis.

MICHAEL BERNARD BECKWITH

A criação está sempre acontecendo. Toda vez que alguém tem um pensamento, ou uma forma intensa e prolongada de pensar, ele está no processo de criação. Algo se manifestará a partir desses pensamentos.

O que você está pensando agora está criando sua vida futura. Você cria sua vida com seus pensamentos. Porque está sempre pensando, está sempre criando. Aquilo em que você mais pensa ou em que mais se concentra é o que vai se manifestar como sua vida.

Como em todas as leis da natureza, nessa também a perfeição é absoluta. Você cria sua vida. Você colherá tudo o que semear! Seus pensamentos são sementes, e sua colheita dependerá do que plantar.

Se você se queixar, a lei da atração trará para sua vida mais situações sobre as quais se queixar. Se você ouve a queixa de outra pessoa e se concentra naquilo, se solidariza com a pessoa, concorda com ela, naquele momento você está atraindo para si mais situações sobre as quais se queixar.

A lei está refletindo e devolvendo a você exatamente aquilo em que você está se concentrando. Com esse poderoso conhecimento, você pode mudar por completo qualquer circunstância e acontecimento em toda a sua vida, ao mudar seu modo de pensar.

BILL HARRIS

PROFESSOR E FUNDADOR DO CENTERPOINTE RESEARCH INSTITUTE

Tive um aluno chamado Robert, em um curso que dava on-line e que permitia o acesso a mim através de e-mails.

Robert era gay e descrevia nos e-mails a dura realidade de sua vida. No trabalho, os colegas debochavam dele. O ambiente era estressante, sempre o tratavam com muita grosseria. Nas ruas, era abordado por pessoas homofóbicas, que o ofendiam de alguma forma. Ele queria ser um comediante, e, quando fez um monólogo humorístico, todos o ofenderam por ele ser homossexual. Toda a sua vida era de infelicidade e angústia. Tudo se concentrava no fato de ser atacado por ser homossexual.

Comecei a mostrar para ele que estava se concentrando naquilo que não queria. Eu lhe mandei de volta o e-mail que ele me enviou e disse: "Releia-o. Preste atenção em todas as coisas que não quer e que está me contando. Você está muito irritado por causa disto, e, quando você se concentra em alguma coisa com muita raiva, ela acontece ainda mais depressa!"

Então ele começou a levar a sério e passou a se concentrar no que desejava. O que aconteceu nas seis ou oito semanas seguintes foi um milagre absoluto. As pessoas em seu escritório que o atormentavam se transferiram para outro departamento, saíram da empresa ou o deixaram em paz. Ele começou a adorar seu emprego. Na rua, ninguém o importunava mais. Era como se as pessoas simplesmente não estivessem lá. Quando apresentava seus monólogos humorísticos, era aplaudido de pé com grande entusiasmo, e ninguém o interrompia!

Sua vida inteira mudou porque ele mudou o foco do que não queria, do que tinha medo, do que queria evitar, para se concentrar naquilo que queria.

A vida de Robert mudou porque ele mudou seus pensamentos. Ele emitiu outra freqüência para o Universo. O Universo *tem de* fornecer as imagens da nova freqüência, não importa se a situação parece ser impossível ou não. Os novos pensamentos de Robert transformaram-se em sua nova freqüência, e as imagens de toda a sua vida mudaram.

Sua vida está em suas mãos. Não importa onde você está ou o que aconteceu até agora, você pode começar a mudar conscientemente seus pensamentos, e pode mudar sua vida. Não existe essa coisa de situação impossível. Cada situação de sua vida pode mudar!

O poder de sua mente

MICHAEL BERNARD BECKWITH

Você atrai os pensamentos predominantes, conscientes ou inconscientes, que retém na consciência. Este é o X da questão.

Quer tenha estado consciente de seus pensamentos no passado, quer não, *agora* você está tomando consciência. Neste instante, com o conhecimento do Segredo, você desperta de um sono profundo e se torna consciente! Consciente do conhecimento, da lei, do poder que possui por meio de seus pensamentos.

DR. JOHN DEMARTINI

Se prestarmos bastante atenção quando se trata do Segredo, do poder de nossa mente e de nossa intenção na vida cotidiana, está tudo à nossa volta. Só precisamos abrir os olhos e ver.

LISA NICHOLS

Você pode ver a lei da atração em toda a parte. Como um ímã você atrai: as pessoas, o emprego, as circunstâncias, a saúde, a riqueza, as dívidas, a alegria, o carro que dirige, a comunidade em que vive. Você faz acontecer aquilo em que pensa. Toda a sua vida é uma manifestação física de seus pensamentos.

Este é um Universo de inclusão, e não de exclusão. Nada é excluído da lei da atração. Sua vida é um espelho dos pensamentos dominantes que você tem. Todos os seres vivos neste planeta operam por meio da lei da atração. A diferença entre eles e nós, seres humanos, é nossa mente, capaz de discernir. Podemos usar o livre-arbítrio para *escolher* pensamentos. Temos o poder de pensar e criar intencionalmente a vida inteira com a mente.

DR. FRED ALAN WOLF

FÍSICO QUÂNTICO, CONFERENCISTA E AUTOR PREMIADO

Não estou falando do ponto de vista de uma ilusão ou de uma loucura imaginária. Estou falando a partir de uma compreensão mais profunda, básica. A física quântica realmente começa a apontar para essa descoberta. Ela diz que você não pode ter um Universo sem se importar em entrar nele, e que a mente está de fato dando forma a cada coisa que está sendo percebida.

Se você pensar na analogia de ser a torre de transmissão mais poderosa do Universo, você verá a perfeita correlação com as palavras do dr. Wolf. Sua mente tem os pensamentos, e as imagens são transmitidas de volta a você como sua experiência de vida. Você não só cria sua vida com seus pensamentos, mas estes fazem um poderoso acréscimo à criação do mundo. Se você pensava que era insignificante e sem nenhum poder neste mundo, pense de novo. Sua vida está de fato *dando forma* ao mundo a seu redor.

O trabalho e as descobertas surpreendentes dos físicos quânticos nos últimos oitenta anos nos levaram a uma maior compreensão do incomensurável poder de criação da mente humana. Esse trabalho se compara às palavras de grandes artistas e pensadores do mundo, entre eles Carnegie, Emerson, Shakespeare, Bacon, Krishna e Buda.

Bob Proctor

Se você não entende a lei, isso não significa que deva rejeitá-la. Você pode não entender de eletricidade, e, no entanto, usufrui de seus benefícios. Não sei como funciona, mas sei que a eletricidade permite cozinhar o jantar de um homem, mas também cozinhar o homem!

MICHAEL BERNARD BECKWITH

Muitas vezes, quando as pessoas começam a compreender o Grande Segredo, elas se assustam com todos os pensamentos negativos que tiveram. Elas precisam ter plena consciência de que foi provado cientificamente que um pensamento afirmativo é centenas de vezes mais poderoso do que um pensamento negativo. Então isso já elimina um pouco de preocupação.

De fato, são necessários muitos pensamentos negativos e um modo negativo e constante de pensar para introduzir algo negativo em sua vida. Contudo, se você continua a ter pensamentos negativos por certo espaço de tempo, eles *surgirão* em sua vida. Se você se preocupa com os seus pensamentos negativos, você atrairá mais preocupação com eles e os multiplicará. Decida agora ter apenas bons pensamentos, e, declare para o Universo que todos os seus pensamentos positivos são poderosos e que quaisquer pensamentos negativos são fracos.

LISA NICHOLS

Graças a Deus, existe um descompasso, e nem todos os pensamentos se realizam instantaneamente. Estaríamos em apuros se isso ocorresse. O fator descompasso é benéfico porque permite a você reavaliar, pensar sobre o que quer e fazer uma nova escolha.

Todo o seu poder de criar sua vida está disponível neste exato momento, porque você está pensando agora. Se teve alguns pensamentos que não serão benéficos quando se manifestarem, você pode mudá-los agora. Você pode apagar seus pensamentos anteriores substituindo-os por bons pensamentos. O tempo lhe é oportuno porque você pode ter novos pensamentos e emitir uma nova freqüência *agora*!

Dr. Joe Vitale

Você quer ficar ciente de seus pensamentos, escolhê-los com cuidado e também se divertir com isto, porque você é a obra-prima de sua própria vida. Você é o Michelangelo de sua própria vida. O Davi que você esculpe é você mesmo.

Uma forma de dominar a mente é aprender a acalmá-la. Sem exceção, os mestres apresentados neste livro praticam a meditação diariamente. Só quando descobri O Segredo é que me dei conta de como a meditação pode ser poderosa. Ela acalma a mente, ajuda a controlar os pensamentos e revitaliza o corpo. A grande notícia é que você não precisa reservar horas para meditar. Para começar, de três a dez minutos por dia podem lhe dar um poder incrível de controlar os seus pensamentos.

A fim de ficar *ciente* de seus pensamentos, você também pode estabelecer o objetivo: "Eu sou o senhor dos meus pensamentos". Diga isso com freqüência, medite sobre isso, e, quando você se ativer a esse objetivo, pela lei da atração deverá transformar-se nisso.

Você agora está recebendo o conhecimento que o capacitará a criar a versão mais magnífica de Você. A possibilidade dessa versão de você já existe na freqüência da "versão mais magnífica de Você". Decida o que você quer ser, fazer e ter, pense sobre isto, emita a freqüência, e sua visão se tornará sua vida.

Resumos do Segredo

- *O Grande Segredo da Vida é a lei da atração.*
- *A lei da atração diz que* semelhante atrai semelhante; *portanto, quando você tem um pensamento, você também está atraindo pensamentos* semelhantes *para si.*
- *Os pensamentos são magnéticos e têm uma freqüência. Quando você pensa, os pensamentos são emitidos no Universo e magneticamente atraem todas as coisas semelhantes que estão na mesma freqüência. Tudo o que é emitido volta para a fonte — você.*
- *Você é como uma torre de transmissão humana, transmitindo uma freqüência com os seus pensamentos. Se quiser mudar qualquer coisa em sua vida, mude a freqüência mudando seus pensamentos.*
- *Seus pensamentos atuais estão criando sua vida futura. Aquilo em que você mais pensa ou se concentra se manifestará como a sua vida.*
- *Seus pensamentos se transformam em coisas.*

O Segredo Simplificado

MICHAEL BERNARD BECKWITH

Nós vivemos num Universo em que existem leis, como a lei da gravidade. Se você despencar de um edifício, não importa que seja uma pessoa boa ou má: você vai cair no chão.

A lei da atração é uma lei da natureza. Ela é tão imparcial e impessoal quanto a lei da gravidade. É precisa, exata.

DR. JOE VITALE

Você atraiu tudo o que o cerca neste momento em sua vida, inclusive as coisas sobre as quais se queixa. Ora, à primeira vista, eu sei que você detesta ouvir isso. Você imediatamente dirá: "Eu não atraí o acidente de automóvel. Eu não atraí esse cliente que está me dando dor de cabeça. Eu particularmente não atraí a dívida". E eu estou aqui para contestá-lo e dizer: Sim, você atraiu tudo isso. Este é um dos conceitos mais difíceis de entender; porém, assim que é aceito, ele passa a transformar a vida.

Freqüentemente, quando as pessoas ouvem pela primeira vez essa parte do Segredo, elas se lembram de acontecimentos históricos marcados por mortes massivas, e acham incompreensível que tantas pessoas pudessem ter-se atraído para o acontecimento. Pela lei da atração, elas tinham de estar na mesma freqüência do acontecimento. Isso não significa necessariamente que elas pensaram naquele acontecimento exato, mas a freqüência de seus pensamentos correspondeu à freqüência do acontecimento. Se as pessoas acreditam que podem estar no lugar errado na hora errada, e que não têm controle sobre as circunstâncias externas, se esses pensamentos de medo, separação e impotência forem contínuos, eles poderão atraí-las para o lugar errado na hora errada.

Você tem uma escolha neste momento. Você quer acreditar que apenas a má sorte e coisas ruins podem lhe acontecer a qualquer hora? Que pode estar no lugar errado na hora errada? Que não tem controle sobre as circunstâncias?

Ou você quer acreditar e *saber* que sua experiência de vida está nas suas mãos e que somente *tudo o que há de bom* pode entrar na sua vida porque é assim que você pensa? Você tem uma escolha, e, seja lá o que escolher pensar, isso *se transformará* na sua experiência de vida.

Nada pode entrar na sua experiência sem que você peça isso mediante pensamentos duradouros.

BOB DOYLE

A maioria de nós atrai por descuido. Nós simplesmente pensamos que não temos controle algum sobre as coisas. Nossos pensamentos e sentimentos estão no piloto automático, e assim tudo nos é trazido por descuido.

Ninguém jamais atrairia deliberadamente algo indesejado. Sem o conhecimento do Segredo, é fácil ver como algumas coisas indesejadas podem ter ocorrido na sua vida ou na de outras pessoas. Isso simplesmente se originou da falta de consciência do grande poder criativo de nossos pensamentos.

DR. JOE VITALE

Ora, se esta é a primeira vez que você está ouvindo isto, pode dar a seguinte impressão: "Ah, eu tenho de monitorar meus pensamentos? Isto vai dar uma trabalheira e tanto". A princípio, vai parecer que sim, mas é aí que começa a diversão.

O divertido é a existência de muitos atalhos para O Segredo, e você deve escolher os melhores para você. Continue a ler e verá como.

MARCI SHIMOFF

ESCRITORA, CONFERENCISTA INTERNACIONAL E LÍDER TRANSFORMACIONAL

É impossível monitorar cada pensamento que nós temos. Os pesquisadores nos dizem que temos cerca de 60 mil pensamentos por dia. Você pode imaginar como se sentiria exausto tentando controlar todos esses 60 mil pensamentos?

Felizmente, há um modo mais fácil: nossos sentimentos. Eles nos informam sobre o que estamos pensando.

A importância dos sentimentos não pode ser exagerada. Seus sentimentos são sua maior ferramenta para ajudá-lo a criar sua vida. Seus pensamentos são a causa primária de tudo. Tudo mais que você vê e vivencia neste mundo é efeito, e isso inclui seus sentimentos. A causa é sempre seus pensamentos.

BOB DOYLE

As emoções são um dom incrível que possuímos para nos informar sobre o que estamos pensando.

Seus sentimentos lhe dizem com muita rapidez o que você está pensando. Pense a respeito das situações em que ocorreu um súbito revés em seus sentimentos — talvez quando recebem alguma notícia ruim. Aquela sensação em seu estômago ou em seu plexo solar foi instantânea. Portanto, seus sentimentos são um sinal imediato para que você saiba o que está pensando.

Você quer ficar *ciente* de como está se sentindo, e entrar em harmonia com o modo como está se sentindo, porque é a maneira mais rápida de saber o que está pensando.

LISA NICHOLS

Você possui dois conjuntos de sentimentos: os bons e os maus. E sabe a diferença entre os dois porque um faz você se sentir bem, e o outro faz você se sentir mal. É a depressão, a raiva, o ressentimento, a culpa. Esses sentimentos não fazem você se sentir fortalecido. São os maus sentimentos.

Ninguém pode lhe dizer se você está se sentindo bem ou mal, porque você é a única pessoa que sabe como está se sentindo em dado momento. Se você não tem certeza de como está se sentindo, pergunte a si mesmo: "Como eu estou me sentindo?". Você pode parar e fazer essa pergunta com freqüência durante o dia, e, à medida que a fizer, ficará mais *consciente* de como está se sentindo.

A coisa mais importante que você deve saber é que é impossível sentir-se mal e, ao mesmo tempo, ter bons pensamentos. Isso desafiaria a lei, porque seus pensamentos produzem seus sentimentos. Se você está se sentindo mal, é porque está tendo pensamentos que estão *fazendo* você se sentir mal.

Seus pensamentos determinam sua freqüência, e seus sentimentos lhe dizem imediatamente em que freqüência você está. Quando se sente mal, você está na freqüência que atrai mais coisas ruins. A lei da atração *tem de* reagir devolvendo a você mais imagens de coisas ruins e de coisas que o farão sentir-se mal.

Quando se sente mal e não faz nenhum esforço para mudar seus pensamentos e sentir-se melhor, você com efeito está dizendo: "Tragam-me mais circunstâncias que me façam sentir mal. Provoquem-nas!".

LISA NICHOLS

O outro lado disso é que você tem boas emoções e bons sentimentos. Você sabe quando eles surgem porque o fazem sentir-se bem. Empolgação, alegria, gratidão, amor. Imagine se pudéssemos nos sentir assim todos os dias. Quando celebra os bons sentimentos, você atrai para si mais bons sentimentos, e coisas que o fazem sentir-se bem.

BOB DOYLE

É realmente simples assim. "O que eu estou atraindo neste momento?" Então, como você se sente? "Eu me sinto bem." Muito bem, continue fazendo isso.

É impossível sentir-se bem e ao mesmo tempo ter pensamentos negativos. Se você se sente bem, é porque está tendo bons pensamentos. Como vê, você pode ter o que quiser na vida, sem limites. Mas existe uma condição: Você tem de se sentir bem. E, quando você pensa sobre isso, não é tudo o que deseja? A lei é de fato perfeita.

MARCI SHIMOFF

Se você está se sentindo bem, está criando um futuro que está no rumo certo em relação aos seus desejos. Se você está se sentindo mal, está criando um futuro que está fora do rumo em relação aos seus desejos. Quando você começa o seu dia, a lei da atração está funcionando em cada segundo. Tudo o que pensamos e sentimos está criando nosso futuro. Se você está preocupado ou com medo, então está introduzindo mais preocupação e medo em sua vida o dia inteiro.

Quando se sente bem, você está tendo bons pensamentos. Portanto, você está no rumo certo e emitindo uma freqüência poderosa que está atraindo de volta para você mais coisas boas que o farão sentir-se bem. Agarre-se a esses momentos em que você se sente bem e aproveite-os ao máximo. Tenha certeza de que, quando está se sentindo bem, você está atraindo poderosamente mais boas coisas para si.

Avancemos mais um pouco. E se os seus sentimentos forem de fato comunicação do *Universo* para que você saiba o que está pensando?

JACK CANFIELD

Nossos sentimentos são um mecanismo de feedback *que nos informa se estamos no rumo certo ou não, se estamos na rota ou fora dela.*

Lembre-se de que seus pensamentos são a causa primária de tudo. Por isso, quando você tem um pensamento contínuo, ele é enviado de imediato ao Universo. Esse pensamento se liga magneticamente à alguma freqüência semelhante, e em segundos lhe envia de volta a leitura daquela freqüência por meio de seus sentimentos. Em outros termos, seus sentimentos são comunicação que você recebe de volta do Universo, informando-o sobre a freqüência em que você está no momento. *Seus sentimentos são seu mecanismo de* feedback *da freqüência!*

Quando você tem bons sentimentos, trata-se da comunicação devolvida pelo Universo dizendo: "Você está tendo bons pensamentos". De modo análogo, quando você se sente mal, está sendo informado pelo Universo: "Você está tendo maus pensamentos".

Assim, quando você se sente mal, está recebendo a seguinte comunicação do Universo: "Aviso! Mudar o modo de pensar agora. Freqüência negativa sendo registrada. Mudar freqüência. Aviso!

Da próxima vez que você se sentir mal ou experimentar uma emoção negativa, ouça o sinal que está recebendo do Universo. Naquele momento você está *impedindo* seu próprio bem de chegar até você porque está numa freqüência negativa. Mude seus pensamentos e pense em algo bom, e, quando os bons sentimentos começarem a surgir, você saberá que foi porque Você trocou de freqüência, e o Universo a confirmou com melhores sentimentos.

Bob Doyle

Você obtém exatamente aquilo que está sentindo, não tanto aquilo sobre o que está pensando.

É por isso que, por um simples tropeção ao levantar-se de manhã, as pessoas tendem a entrar numa espiral de acontecimentos ruins. Passam o dia assim. Elas não percebem que uma simples mudança de suas emoções pode mudar seu dia inteiro — e sua vida inteira.

Se você começa tendo um bom dia e se sente particularmente feliz, desde que não permita que alguma coisa mude seu estado de espírito, pela lei da atração você continuará a atrair mais situações e pessoas que mantenham essa sensação de felicidade.

Todos nós já passamos por aqueles dias ou ocasiões em que uma coisa atrás da outra dá errado. A reação em cadeia começou com *um único* pensamento, quer você estivesse consciente dele, quer não. O único mau pensamento atraiu mais maus pensamentos, a freqüência travou, e por fim alguma coisa deu errado. Então, quando reagiu àquela coisa que deu errado, você atraiu mais coisas que deram errado. As reações simplesmente atraem mais coisas semelhantes, e a reação em cadeia continuará ocorrendo até você sair daquela freqüência, mudando intencionalmente seus pensamentos.

Você pode mudar seus pensamentos para aquilo que deseja, receber, por meio de seus sentimentos, a confirmação de que mudou sua freqüência, e a lei da atração irá se apoderar dessa nova freqüência e a enviará de volta a você como as novas imagens de sua vida.

Agora mesmo você pode aproveitar seus sentimentos e usá-los para turbinar o que deseja na vida.

Você pode usar seus sentimentos intencionalmente para transmitir uma freqüência ainda mais poderosa, acrescentando *sentimento* ao que está desejando.

MICHAEL BERNARD BECKWITH

Neste exato momento, você pode começar a se sentir saudável, a se sentir próspero, a sentir o amor que o cerca, mesmo que ele não esteja lá. E então o Universo corresponderá à natureza de sua canção. Ele corresponderá à natureza desse sentimento no seu âmago e se manifestará, porque é assim que você se sente.

Então, o que você está sentindo agora? Reserve alguns momentos para pensar sobre como você se sente. Se você não estiver se sentindo tão bem quanto gostaria, concentre-se em *sentir* seus sentimentos mais íntimos e eleve-os. Quando se concentra intensamente em seus sentimentos com a intenção de elevar a si mesmo, você pode elevá-los de uma maneira poderosa. Uma forma é fechar os olhos (evitando distrações), concentrar-se em seus sentimentos mais íntimos e sorrir por um minuto.

Lisa Nichols

Seus pensamentos e seus sentimentos criam sua vida. Será sempre assim. Pode ter certeza!

Assim como a lei da gravidade, a lei da atração jamais comete um erro. Você não vê porcos voarem porque a lei da gravidade cometeu um erro e se esqueceu de aplicar a gravidade aos porcos naquele dia. De modo análogo, não existem exclusões na lei da atração. Se algo lhe ocorreu, é porque você o atraiu, com pensamento prolongado. A lei da atração é precisa.

Michael Bernard Beckwith

É difícil de engolir, porém, quando conseguimos começar a nos abrir para isso, as ramificações são impressionantes. Isso significa que, seja o que for que o pensamento tenha feito em sua vida, isso pode ser desfeito por uma mudança em sua consciência.

Você tem o poder de mudar qualquer coisa, porque é quem escolhe seus pensamentos e vivencia seus sentimentos.

> "Você cria seu próprio universo à medida que avança."
>
> Winston Churchill

Dr. Joe Vitale

É realmente importante que você se sinta bem, porque essa sensação boa é o que sai como um sinal para o Universo e começa a atrair mais de si mesma para você. Por isso, quanto mais você se sentir bem, mais atrairá as coisas que o ajudam a sentir-se bem e que são capazes de fazê-lo subir cada vez mais alto.

Bob Proctor

Quando está de baixo-astral, você sabia que pode mudar isso num instante? Ponha uma bela música para tocar, ou comece a cantar — isso mudará sua emoção. Ou pense em alguma coisa bonita. Pense num bebê ou em alguém que você ame de verdade, e prolongue esse pensamento. Retenha-o realmente na mente. Bloqueie tudo, exceto esse pensamento. Eu asseguro que você começará a sentir-se bem.

Elabore uma lista de alguns Modificadores do Segredo para ter algo de reserva. Modificadores do Segredo são coisas que podem mudar seus sentimentos num piscar de olhos. Podem ser belas recordações, acontecimentos futuros, momentos divertidos, a natureza, uma pessoa que você ame, sua música predileta. Então, se você perceber que está com raiva ou frustrado, ou que não está se sentindo bem, recorra à sua lista de Modificadores do Segredo e concentre-se num deles. Coisas diferentes modificarão você em ocasiões diferentes; portanto, se uma não der certo, passe para outra. É necessário apenas um minuto, ou dois, de mudança de foco para modificar a si mesmo e sua freqüência.

Amor: a maior emoção

JAMES RAY

FILÓSOFO, PALESTRANTE, ESCRITOR E CRIADOR DE PROGRAMAS DE PROSPERIDADE E POTENCIAL HUMANO

O princípio de sentir-se bem se aplica aos animais de estimação de sua família, por exemplo. Os animais são maravilhosos porque o deixam num ótimo estado emocional. Quando você sente amor pelo seu animal de estimação, esse ótimo estado de amor trará bondade para sua vida. E esse é um dom e tanto.

> "É a combinação de pensamento e amor que forma a irresistível força da lei da atração."
>
> Charles Haanel

Não há no Universo poder maior do que o poder do amor. O sentimento de amor é a freqüência mais alta que você pode emitir. Se você pudesse envolver cada pensamento com amor, se pudesse amar tudo e todos, sua vida seria transformada.

De fato, alguns dos grandes pensadores do passado se referiam à lei da atração como a lei do amor. E, se pensar sobre isto, você entenderá por quê. Se você tem pensamentos maldosos sobre alguém, *você* experimentará a manifestação desses pensamentos maldosos. Você não pode causar mal a outra pessoa com seus pensamentos, apenas a si mesmo. Se você tem pensamentos de amor, adivinhe quem recebe os benefícios: você! Portanto, se o seu estado predominante é o de amor, a lei da atração ou a lei do amor reage com força máxima, porque você está na freqüência mais alta possível. Quanto maior o amor que sente e emite, maior o poder que você utiliza.

> "O princípio que dá ao pensamento o poder dinâmico de correlacionar-se com seu objeto, e por conseguinte dominar cada experiência humana adversa, é a lei da atração, que é outro nome para o amor. Este é um princípio eterno, fundamental e inerente a todas as coisas, a cada sistema de filosofia, a cada Religião e a cada Ciência. Não há como escapar à lei do amor. É o sentimento que transmite vitalidade ao pensamento. Sentimento é desejo, e desejo é amor. O pensamento impregnado de amor se torna invencível."
>
> *Charles Haanel*

MARCI SHIMOFF

Assim que começa a entender e de fato dominar seus pensamentos e sentimentos, você vê como cria sua própria realidade. É ali que está sua liberdade, é ali que está todo o seu poder.

Marci Shimoff fez uma maravilhosa citação do grande Albert Einstein: "A pergunta mais importante que qualquer ser humano pode fazer a si mesmo é: 'Este é um Universo amigável?'".

Conhecendo-se a lei da atração, a única resposta a dar é: "Sim, o Universo é amigável". Por quê? Porque quando você responde dessa forma, pela lei da atração, deve vivenciar isso. Albert Einstein fez essa poderosa pergunta porque conhecia O Segredo. Ele sabia que, ao fazer a pergunta, ela nos obrigaria a pensar e a fazer uma escolha. Ele nos deu uma grande oportunidade simplesmente fazendo a pergunta.

Para levar mais adiante a intenção de Einstein, você pode afirmar e anunciar: "Este é um Universo magnífico. Ele me traz todas as coisas boas. Atua em harmonia por mim em todas as coisas. Me apóia em tudo o que faço. Satisfaz imediatamente todas as minhas necessidades". *Saiba* que este é um Universo amigável!

JACK CANFIELD

Desde que aprendi O Segredo e comecei a usá-lo em minha vida, ela se tornou realmente mágica. Eu creio que o tipo de vida com a qual todas as pessoas sonham é o que eu vivo no cotidiano. Moro numa mansão de 4,5 milhões de dólares. Tenho uma esposa por quem morreria. Passo férias em todos os lugares fabulosos do mundo. Escalei montanhas. Fiz explorações. Participei de safáris. E tudo isso aconteceu, e continua a acontecer, por eu saber como usar O Segredo.

Bob Proctor

A vida pode ser completamente fenomenal, e deveria ser, e será, quando você começar a usar O Segredo.

Esta é a *sua* vida, e está esperando que você a descubra! Até agora você talvez tenha pensado que a vida é dura, uma luta, e, portanto, pela lei da atração, deve ter sentido a vida como dura e uma luta. Comece imediatamente a gritar para o Universo: "A vida é tão fácil! A vida é tão boa! Todas as coisas boas vêm até mim!"

Existe uma verdade bem lá no fundo de você que está esperando que você a descubra, e essa Verdade é a seguinte: *você merece todas as coisas boas que a vida tem a oferecer.* Você sabe disso inerentemente, porque se sente péssimo quando padece pela falta de coisas boas. Todas as coisas boas são suas por direito! Você é o criador de si mesmo, e a lei da atração é sua ferramenta fantástica para criar o que você quiser em sua vida. Bem-vindo à magia da vida e à grandeza de Si mesmo!

Resumos do Segredo

- *A lei da atração é a lei da natureza. Ela é tão imparcial quanto a lei da gravidade.*
- *Nada se pode introduzir na sua experiência a menos que você o peça por meio de pensamentos duradouros.*
- *A fim de saber o que você está pensando, pergunte a si mesmo como está se sentindo. As emoções são ferramentas valiosas que nos dizem instantaneamente o que estamos pensando.*
- *É impossível sentir-se mal e ao mesmo tempo ter bons pensamentos.*
- *Seus pensamentos determinam sua freqüência, e seus sentimentos lhe dizem de imediato em que freqüência você está. Quando se sente mal, você está na freqüência em que atrai mais coisas ruins. Quando se sente bem, você está poderosamente atraindo para si mais coisas boas.*
- *Modificadores do Segredo, tais como lembranças agradáveis, a natureza ou sua música predileta, podem mudar seus sentimentos e sua freqüência num instante.*
- *O sentimento de amor é a freqüência mais alta que você pode emitir. Quanto maior o amor que você sente e emite, maior o poder que você utiliza.*

Como Usar O Segredo

Você é um criador, e existe um processo fácil de criar usando a lei da atração. Os maiores mestres e avatares partilharam o Processo Criativo em suas obras maravilhosas numa infinidade de formas. Alguns dos grandes mestres criaram histórias para demonstrar como o Universo funciona. A sabedoria contida em suas histórias foi transmitida através dos séculos e se tornou lendária. Muitas pessoas que vivem hoje não percebem que a essência dessas histórias é a própria verdade da vida.

James Ray

Pense em Aladim e sua lâmpada: ele pega a lâmpada, esfrega-a, e de dentro dela sai um Gênio que sempre diz uma única coisa:

"Seu desejo é para mim uma ordem!"

Segundo contam agora, são três desejos, mas, se você

remontar às origens da história, não há absolutamente limite de espécie alguma aos desejos.

Pense a esse respeito.

Agora, vamos tomar esta metáfora e aplicá-la à sua vida. Lembre-se de que Aladim é quem sempre pede o que quer. Em seguida, você tem o Universo de um modo geral, que é o Gênio. As tradições deram muitos nomes a isso, entre eles anjo da guarda sagrado e eu superior. Você pode rotulá-lo como quiser, e escolher o rótulo que melhor lhe pareça, mas cada tradição nos disse que existe algo maior que nós. E o Gênio sempre diz uma única coisa:

"Seu desejo é para mim uma ordem!"

Essa história maravilhosa demonstra como toda a sua vida e todas as coisas nela existentes foram criadas por Você. O Gênio simplesmente cumpriu cada ordem sua. O Gênio é a lei da atração, e está sempre presente e sempre ouvindo tudo o que você pensa, fala e faz. Ele pressupõe que você queira tudo aquilo em que pensa, fala ou influi! Você é o Mestre do Universo, e o Gênio está às suas ordens. Ele jamais questiona suas ordens. Você pensa, e ele imediatamente começa a influir no Universo, por intermédio de pessoas, circunstâncias e acontecimentos, para realizar seu desejo.

O Processo Criativo

O Processo Criativo usado no Segredo, que foi extraído do Novo Testamento, é uma diretriz fácil para você criar o que quiser em três passos simples.

Primeiro passo: peça

LISA NICHOLS

O primeiro passo é pedir. Dê uma ordem ao Universo, informe-o sobre o que você quer, e ele reagirá aos seus pensamentos.

BOB PROCTOR

O que você de fato quer? Sente-se e escreva numa folha de papel, usando o presente do indicativo. Você poderia começar assim: "Eu estou tão feliz e grato neste momento que..." E então explique como você quer que sua vida seja, em qualquer área.

Você tem a oportunidade de escolher o que quer, porém deve ter certeza do que quer. Esse é o seu trabalho. Se você não tiver certeza, a lei da atração não poderá lhe proporcionar o que quer. Você estará emitindo uma freqüência confusa e só atrairá resultados confusos. Talvez pela primeira vez na sua vida, formule aquilo que realmente quer. Agora que você sabe que pode ter, ser ou fazer qualquer coisa e que não existem limites, o que você quer?

Pedir é o primeiro passo do Processo Criativo; portanto, faça disso um hábito. Se precisar fazer uma escolha e não souber o que fazer, peça! Você jamais deveria ficar confuso a respeito de nada em sua vida. Simplesmente peça!

DR. JOE VITALE

Isso é bem divertido. É como ter o Universo como seu catálogo. Você o folheia e diz: "Eu gostaria de ter essa experiência, esse produto e uma pessoa como essa". É Você fazendo seu pedido ao Universo. É realmente muito fácil.

Você não precisa pedir várias vezes. Peça apenas uma vez. É exatamente como encomendar alguma coisa de um catálogo. Você apenas faz o pedido e aguarda. Você não faz um pedido, depois fica em dúvida se ele foi atendido ou não e torna a fazê-lo repetidamente. Você faz o pedido uma vez. Acontece a mesma coisa com o Processo Criativo. O primeiro passo é simplesmente seu passo para ter certeza do que você quer. Quando tiver certeza, você já terá pedido.

Segundo passo: acredite

LISA NICHOLS

O segundo passo é acreditar. Acreditar que já é seu. Ter o que eu adoro chamar de fé inabalável. Acreditar no invisível.

Você tem de acreditar que recebeu. Tem de saber que o que você quer é seu no momento em que pede. Tem de possuir uma fé absoluta e incondicional. Se tivesse encomendado algo de um catálogo, você relaxaria, saberia que receberia o que encomendou e seguiria em frente com sua vida.

> "Veja as coisas que você quer como se já fossem suas. Saiba que elas virão até você quando forem necessárias. Então, deixe-as vir. Não se aflija nem se preocupe com elas. Não pense na sua falta delas. Pense nelas como suas, como pertencentes a você, como se já estivessem em sua posse."
>
> Robert Collier (1885–1950)

No momento em que você pede alguma coisa, e *acredita* e *sabe* que já a tem no invisível, o Universo inteiro se move para deixá-la visível. Você tem de agir, falar e pensar como se a estivesse recebendo *agora*. Por quê? O Universo é um espelho, e a lei da atração está refletindo de volta para você seus pensamentos dominantes. Portanto, não faz sentido que você tenha de se ver recebendo-a? Se nos seus pensamentos existe a informação de que você ainda não a tem, você continuará atraindo o não tê-la. Você tem de acreditar que já a possui, que a recebeu. Você tem de emitir a freqüência da sensação de tê-la recebido, a fim de introduzir essas imagens de volta em sua vida. Quando você fizer isso, a lei da atração moverá poderosamente todas as circunstâncias, pessoas e acontecimentos para você receber.

Quando você marca uma viagem de férias, encomenda um carro zero-quilômetro ou compra uma casa, você sabe que aquelas coisas são suas. Você não marcaria outra viagem de férias no mesmo período, tampouco compraria outro carro ou outra casa. Se você ganhou na loteria ou recebeu uma grande herança, mesmo antes de ter o dinheiro nas mãos, você sabe que ele é seu. Essa é a sensação de acreditar que ele é seu, de acreditar que você já o possui, de que recebeu. Reivindique as coisas que você deseja, sentindo e acreditando que elas são suas. Quando fizer isso, a lei da atração moverá poderosamente todas as circunstâncias, pessoas e acontecimentos para você receber.

Como é que você chega ao ponto em que acredita? Comece fazendo de conta. Comporte-se como uma criança e faça de conta. Aja como se você já tivesse aquilo. À medida que fizer de conta, você começará a *acreditar* que recebeu. O Gênio está reagindo aos seus pensamentos predominantes o tempo todo, não só no momento em que você pede. É por isso que, depois de ter pedido, você deve continuar a *acreditar* e *saber*. Tenha fé. Sua crença de que você já tem aquilo, essa fé imorredoura, é seu maior poder. Quando você acreditar que está recebendo, prepare-se e observe a mágica começar!

> "Você poderá ter o que quiser se souber criar o molde disso em seus próprios pensamentos. Não há sonho que não possa tornar-se real, se você simplesmente aprender a usar a Força Criativa que flui através de você. Os métodos que dão certo para um darão certo para todos. A chave do poder está em usar o que você possui... livremente,

plenamente... e, assim, abrir bem seus canais para que mais Força Criativa flua através de você."

Robert Collier

DR. JOE VITALE

O Universo começará a rearranjar-se a fim de fazer com que seu desejo aconteça.

JACK CANFIELD

A maioria de nós jamais se permitiu querer o que verdadeiramente queremos, porque não podemos ver como isso vai se manifestar.

BOB PROCTOR

Se você fizer uma pequena pesquisa, ficará evidente que qualquer pessoa que já realizou alguma coisa não sabia como ia fazer aquilo. Ela apenas sabia que o faria.

DR. JOE VITALE

Você não precisa saber como é que isso vai ocorrer. Você não precisa saber como o Universo vai se rearranjar.

Como isso acontecerá, *como* o Universo trará isso até você, não é problema seu ou tarefa sua. Deixe o Universo fazê-lo por você. Quando está tentando imaginar *como* isso acontecerá, você emite uma freqüência que contém falta de fé — que você não acredita que já possui aquilo. Você acha que *você* tem de fazê-lo e não acredita que o Universo o fará *por* você. O *como* não é sua parte no Processo Criativo.

Bob Proctor

Você não sabe como; isso lhe será mostrado. Você atrairá um jeito.

Lisa Nichols

Na maioria das vezes, quando não vemos as coisas que solicitamos, ficamos frustrados, decepcionados. E começamos a duvidar. A dúvida causa uma sensação de desapontamento. Pegue essa dúvida e mude-a. Reconheça esse sentimento e substitua-o por um sentimento de fé inabalável. "Eu sei que o que eu quero está a caminho."

Terceiro passo: receba

Lisa Nichols

O terceiro e último passo do processo é receber. Comece a se sentir maravilhado a esse respeito. Sinta como você se sentirá assim que essas coisas chegarem. Sinta isso agora.

Marci Shimoff

E nesse processo é importante sentir-se bem, estar feliz, porque, quando está se sentindo bem, você está se colocando na freqüência daquilo que deseja.

Michael Bernard Beckwith

Este é um Universo de sensações. Se você acredita apenas intelectualmente em alguma coisa, mas não possui nenhuma sensação correspondente, você não tem necessariamente poder suficiente para manifestar o que deseja em sua vida. Você tem de sentir isso.

Peça uma vez, acredite que recebeu, e tudo o que você precisa fazer para receber é sentir-se bem. Quando está se sentindo bem, você está na freqüência de receber, na freqüência em que todas as coisas boas estão vindo até você, e receberá o que pediu. Você não pediria alguma coisa a menos que ela fosse fazê-lo sentir-se bem ao recebê-la, não é mesmo? Portanto, entre na freqüência em que se sente bem, e você receberá.

Uma forma rápida de entrar nessa freqüência é dizer: "Eu estou recebendo agora. Eu estou recebendo todo o bem na minha vida agora. Eu estou recebendo [declare seu desejo] agora". E *sinta* isso. *Sinta-o* como se você tivesse recebido.

Uma querida amiga minha, Marcy, é um dos maiores manifestadores que eu já vi, e *sente* tudo. Ela *sente* como seria a emoção de ter o que está pedindo. Tudo o que ela *sente* passa a existir. Ela não se interessa em saber como, quando ou onde, simplesmente *sente* o que está pedindo, e aquilo então se manifesta.

Portanto, *sinta-se bem* agora.

BOB PROCTOR

Quando transforma a fantasia em fato, você está em condições de desenvolver fantasias cada vez maiores. E isso, meu amigo, é o Processo Criativo.

"E tudo quanto pedirdes em oração, crendo, recebereis."

Mateus 21:22

"Por isso vos digo que tudo o que pedirdes em oração, crede que recebestes, e será vosso."

Marcos 11:24

BOB DOYLE

A lei da atração, o simples estudo e a prática da lei da atração, já dão uma idéia do que ajudará você a gerar o sentimento de possuir algo no exato momento em que desejá-lo. Vá fazer um test drive *naquele carro. Vá procurar aquela casa. Entre na casa. Faça o que tiver de fazer para criar as sensações de ter agora o que deseja, e lembre-se delas. O que quer que você faça para obter isso o ajudará a literalmente atraí-lo.*

Quando você *se sente* como se já tivesse agora o que deseja, e a sensação é tão real que é como se já o tivesse, você está acreditando que recebeu, e receberá.

BOB DOYLE

Poderia ser assim: você acorda e o que deseja está lá, se manifestou. Ou você poderia ter alguma idéia inspirada de algo a ser feito. Certamente você não deveria dizer: "Bem, eu poderia fazer isto deste jeito, mas, puxa!, eu detestaria isso". Se o caso é esse, você não está no rumo certo.

Às vezes será exigida ação, mas se você de fato está fazendo isso em concordância com o que o Universo está tentando lhe trazer, a sensação será de alegria. Você vai se sentir bem vivo. O tempo simplesmente vai parar. Você poderia fazer isso o dia inteiro.

Ação é uma palavra que pode implicar "trabalho" para algumas pessoas, mas a ação inspirada de jeito nenhum dará a sensação de trabalho. A diferença entre ação inspirada e ação pura e simples é esta: ação inspirada é quando você está agindo para receber. Se você está em ação para tentar o que deseja e faz isso acontecer, você está andando para trás. A ação inspirada é fácil, e a sensação é maravilhosa porque você está na freqüência em que se recebe.

Imagine a vida como um rio com corredeiras. Quando você está agindo para fazer alguma coisa acontecer, a sensação é a de que está indo contra a correnteza. A sensação de esforço será semelhante a uma luta. Quando estiver agindo para receber do Universo, você se sentirá como se estivesse sendo levado pela correnteza. A sensação será de algo fácil. Essa é a sensação da ação inspirada e de estar no fluxo do Universo e da vida.

Às vezes, você não ficará ciente de que fez uso da "ação" senão depois de ter recebido, porque a ação produziu uma sensação tão boa. Você então olhará para trás e verá o milagre e a matriz de como o Universo o levou até o que você queria, e também lhe trouxe o que você queria.

DR. JOE VITALE

O Universo gosta de velocidade. Não demore. Não mude de idéia. Não duvide. Quando a oportunidade chegar, quando o impulso chegar, quando a cutucada intuitiva vinda de dentro chegar, aja. Essa é a sua tarefa. E isso é tudo o que você tem de fazer.

Confie em seus instintos. Trata-se do Universo inspirando-o, comunicando-se com você na freqüência em que se recebe. Se você experimentar uma sensação intuitiva ou instintiva, siga-a, e descobrirá que o Universo o está movendo magneticamente para receber o que pediu.

Bob Proctor

Você atrairá qualquer coisa que pedir. Se é de dinheiro que você precisa, você o atrairá. Se é de pessoas que você precisa, você as atrairá. Se é de determinado livro que você precisa, você o atrairá. Você tem de prestar atenção àquilo para o que é atraído, porque, como retém imagens das coisas que deseja, você será atraído para elas, e elas serão atraídas para você. Mas isso literalmente entra na realidade física com e por meio de você. E isso acontece por causa da lei da atração.

Lembre-se de que você é um ímã, atraindo tudo para si. Quando tiver certeza do que quer, você terá se transformado num ímã, a fim de atrair essas coisas para si, e, por sua vez, essas coisas que você deseja são atraídas para você. Quanto mais você praticar e começar a ver a lei da atração trazendo coisas para você, maior será o ímã em que você se transformará, porque acrescentará o poder da fé, da crença e do conhecimento.

Michael Bernard Beckwith

Você pode começar do nada, e do nada e da ausência de caminho, será construído um caminho.

Tudo aquilo de que você precisa é de Si mesmo, e de sua capacidade de fazer as coisas existirem com seu pensamento. Tudo o que foi inventado e criado ao longo da história da humanidade começou com um pensamento. Daquele pensamento foi construído um caminho, e, partindo do invisível, ele se manifestou no visível.

JACK CANFIELD

Pense num carro se movendo durante a noite. Os faróis têm um alcance de apenas trinta a sessenta metros, e você pode ir da Califórnia a Nova York dirigindo no escuro, porque tudo o que tem de ver são os próximos sessenta metros. É assim que a vida tende a se desdobrar diante de nós. Se nós simplesmente confiarmos que os próximos sessenta metros se desdobrarão em seguida, e assim sucessivamente, sua vida continuará se desdobrando. E acabará conduzindo-o ao destino do que você deseja de verdade, porque você o deseja.

Confie no Universo. Confie, creia, tenha fé. Na verdade, eu não tinha a menor idéia de como adaptaria o conhecimento do Segredo para a tela de cinema. Apenas me ative ao resultado da visão, vi o resultado com clareza em minha mente, senti isso com toda a minha força, e tudo o que precisávamos para criar *O Segredo* veio até nós.

> "Dê o primeiro passo na fé. Você não precisa ver a escada inteira. Apenas dê o primeiro passo."

Dr. Martin Luther King, Jr. (1929–1968)

O Segredo e seu corpo

Consideremos o uso do Processo Criativo para aqueles que acham que estão acima do peso e desejam emagrecer.

A primeira coisa a saber é que, se você se concentrar na perda de peso, atrairá de volta a necessidade de perder mais peso; portanto, tire da mente a idéia de "ter de perder peso". É por esse motivo que as dietas não dão certo. Por estar concentrado em perder peso, você deverá atrair de volta a necessidade contínua de perder peso.

A segunda coisa a saber é que a condição de estar acima do peso foi criada por seu pensamento. Em termos mais simples, se alguém está acima do peso, isso se deve ao fato de ter "pensamentos obesos", quer esteja consciente disso ou não. Uma pessoa não pode ter "pensamentos magros" e ser gorda. Isso desafia completamente a lei da atração.

As explicações que as pessoas têm sobre sua tireóide lenta, metabolismo lento ou um biotipo hereditário não passam de disfarces para os "pensamentos obesos". Se você aceitar para si uma dessas condições, e acreditar nisso, ela se transformará na sua experiência, e você continuará a atrair o excesso de peso.

Depois que tive minhas duas filhas, fiquei acima do peso, e eu sei que isso resultou do fato de ouvir e ler as mensagens de que é difícil perder peso depois de ter um filho, e ainda mais difícil após o segundo. Eu atraí exatamente isso para mim com aqueles "pensamentos obesos", e isso se tornou minha experiência. Realmente engordei e, quanto mais notava como havia engordado, mais atraía o aumento de peso. Com uma estatura baixa, passei a pesar 65 quilos, tudo porque estava tendo "pensamentos obesos".

O pensamento mais comum que as pessoas têm, e que eu também tinha, é o de que a comida é responsável pelo aumento de peso. Essa é uma crença desfavorável, e na minha mente, agora, é uma bobagem total! Os alimentos não são responsáveis pelo aumento do peso. Seu *pensamento* de que a comida é responsável pelo aumento do peso é que, na verdade, faz com que a comida engorde. Lembre-se, os pensamentos são a causa primária de tudo, todo o resto é efeito desses pensamentos. Tenha pensamentos perfeitos, e o resultado deve ser um peso ideal.

Esqueçamos todos esses pensamentos limitadores. A comida não pode fazer com que você engorde, a menos que você *pense* que pode.

A definição do peso perfeito é a do peso que *faz você sentir-se bem*. A opinião de mais ninguém conta. É o peso que *faz você sentir-se bem*.

É muito provável que você conheça alguém magro que seja bom de garfo e que afirma com orgulho: "Eu posso comer o que quiser, e estou sempre com o peso ideal". E assim o Gênio do Universo diz: "Seu desejo é para mim uma ordem!"

Para atrair peso e corpo perfeitos usando o Processo Criativo, siga estes passos:

Passo 1: peça

Estabeleça o peso que você quer ter. Visualize sua imagem ao chegar àquele peso ideal. Pegue fotografias suas no seu peso ideal, se as tiver, e olhe sempre para elas. Caso não tenha, consiga fotos do corpo que você gostaria de ter e olhe sempre para elas.

Passo 2: acredite

Você tem de acreditar que irá conseguir, e que o peso ideal já é seu. Você tem de imaginar, fingir, agir como, simular que tem o peso ideal. Você tem de se ver como recebendo o peso ideal.

Escreva seu peso ideal e o coloque sobre o mostrador de sua balança, ou pare de se pesar. Não contradiga o que pediu com pensamentos, palavras e atos. Não compre roupas para o seu peso atual. Tenha fé e se concentre nas roupas que irá comprar. Atrair o peso ideal é como fazer compras pelo catálogo do Universo. Você folheia o catálogo, escolhe o peso ideal, faz a encomenda e ele é entregue a você.

Se habitue a procurar, admirar e internamente elogiar pessoas que tenham seu modelo de corpo perfeito. Procure por elas e, enquanto as estiver admirando e compartilhado aquela sensação, você estará atraindo isso para si. Se vir pessoas acima do peso, não preste atenção nelas; transfira imediatamente sua mente para a imagem de você no seu corpo perfeito e o *sinta*.

Passo 3: receba

Você precisa se sentir bem. Sentir-se bem com Você. Isso é importante, porque você não pode atrair seu peso ideal caso se sinta mal com seu corpo atual. Quando você se sente mal com seu corpo, esse é um sentimento poderoso, que continuará a atrair sensações ruins sobre seu corpo. Você nunca mudará seu corpo se for crítico quanto a ele e procurar defeitos, e acabará atraindo mais peso. Louve e abençoe cada centímetro quadrado de seu corpo. Pense em todas as coisas perfeitas em Você. Quando tem pensamentos perfeitos e se sente bem com Você, você entra na freqüência de seu peso perfeito, e atrai perfeição.

Wallace Wattles em um de seus livros dá uma dica maravilhosa sobre comer. Ele recomenda que ao comer você deve se concentrar inteiramente na experiência de mastigar a comida. Fique atento e experimente a sensação de comer, e não permita que sua mente se distraia com outras coisas. Concentre-se em seu corpo e desfrute a sensação de mastigar a comida e a engolir. Tente isso da próxima vez em que comer. Quando você está inteiramente concentrado na comida, o sabor é intenso e incrível; quando você permite que sua mente devaneie, o sabor praticamente desaparece. Estou convencida de que se comemos com atenção, totalmente concentrados na experiência prazerosa de comer, a comida é assimilada perfeitamente por nossos corpos, e o resultado em nossos corpos *só pode ser* a perfeição.

O fim da história sobre meu próprio peso é que eu hoje mantenho meu peso ideal de 52 quilos e posso comer de tudo. Portanto, concentre-se no seu peso ideal!

Quanto tempo demora?

DR. JOE VITALE

Outra coisa que as pessoas se perguntam é: "Quanto tempo vai demorar para surgir o carro, o relacionamento, o dinheiro?". Eu não tenho um manual que diga que irá demorar trinta minutos, três dias ou trinta dias. É mais uma questão de estar em sintonia com o próprio Universo.

O tempo não passa de uma ilusão. Einstein nos disse. Se esta é a primeira vez que você ouve isso, pode ser um conceito difícil de entender, porque você vê tudo acontecendo — uma coisa depois da outra. O que os físicos quânticos e Einstein afirmam é que tudo está acontecendo simultaneamente. Se você entender que não existe tempo e aceitar esse conceito, verá que tudo o que possa vir a querer no futuro já existe. Se tudo está acontecendo ao mesmo tempo, então a versão paralela de você com aquilo que deseja *já* existe!

O Universo não demora para manifestar o que você quer. Qualquer demora que você experimente se deve à sua própria demora em chegar ao ponto de acreditar, saber e sentir que já tem o que quer. Você precisa se sintonizar na freqüência daquilo que quer. Quando estiver na freqüência certa, o que você quer irá aparecer.

BOB DOYLE

Tamanho não é nada para o Universo. Não é mais difícil atrair, no nível científico, algo que consideramos enorme ou algo que consideramos infinitesimalmente pequeno.

O Universo faz tudo sem esforço algum. A grama não sofre para crescer. Não exige esforço. Trata-se apenas deste design perfeito.

Tudo tem a ver com o que se passa em sua mente. Tem a ver com o que criamos dizendo: "Isso é grande, vai levar algum tempo", ou "Isso é pequeno. Basta uma hora". Essas são regras que nós definimos. Não há regras para o Universo. Você fornece o desejo de ter agora; e ele responderá — seja o que for.

Não há tempo e não há tamanho para o Universo. É tão fácil criar um dólar quanto um milhão de dólares. É o mesmo processo e a única razão pela qual um pode vir rapidamente e o outro demorar mais, é que você pensou que um milhão de dólares era muito dinheiro e que um dólar não.

Bob Doyle

Algumas pessoas têm mais facilidade com coisas pequenas, então às vezes começamos com algo pequeno, como uma xícara de café. Torne seu objetivo atrair uma xícara de café hoje.

Bob Proctor

Imagine-se conversando com um velho amigo que não vê há muito tempo. De alguma forma, alguém irá falar com você sobre essa pessoa. A pessoa irá telefonar ou você receberá uma carta dela.

Começar por algo pequeno é uma forma fácil de experimentar concretamente a lei de atração. Deixe-me contar uma história de um jovem que fez exatamente isso. Ele assistiu a *The Secret — O Segredo* e decidiu começar por algo pequeno.

Ele gerou na mente a imagem de uma pena, e garantiu que ela fosse única. Ele criou marcas especiais na pena para ter a certeza de que, se visse aquela pena, seria porque ela tinha ido até ele por seu uso consciente da lei da atração.

Dois dias depois, prestes a entrar em um arranha-céu de Nova York. Ele disse que não sabe por quê, mas olhou para baixo. Lá, a seus pés, na entrada do prédio estava a pena! Não qualquer pena, mas exatamente a que ele imaginou, idêntica à imagem que ele tinha criado na mente, com todas as marcas únicas. Naquele momento ele soube, sem sombra de dúvida, que era a lei da atração funcionando em todo o seu esplendor. E entendeu sua impressionante capacidade de atrair algo pelo poder da mente. Com absoluta fé, ele passou a criar coisas muito maiores.

DAVID SCHIRMER

CONSULTOR DE INVESTIMENTOS, PROFESSOR E ESPECIALISTA EM PROSPERIDADE

As pessoas ficam impressionadas como eu consigo vagas de estacionamento. Eu faço isso desde que entendi O Segredo. Eu imagino uma vaga exatamente onde quero, e em 95% dos casos ela está lá me esperando, e só preciso estacionar. Em 5% dos casos preciso esperar um instante para alguém sair e eu parar. Faço isso o tempo todo.

Agora você talvez entenda por que uma pessoa que diz "eu sempre consigo vaga" as consegue. Ou por que uma pessoa que diz "Eu realmente tenho sorte, estou sempre ganhando coisas" ganha uma coisa atrás da outra, o tempo todo. Essas pessoas *esperam* isso. Comece a esperar grandes coisas e, assim, irá antecipar o rumo de sua vida.

Crie seu dia com antecedência

Você pode usar a lei da atração para criar toda a sua vida com antecedência, até a próxima coisa que fará hoje. Prentice Mulford, um professor cujos textos oferecem muitas visões da lei da atração e de como usá-la, mostra como é importante *pensar o dia com antecedência*.

> "Quando você diz a si mesmo 'vou receber uma visita agradável ou fazer uma viagem agradável', está literalmente enviando à frente de seu corpo elementos e força que irão acertar as coisas para tornar sua visita ou viagem agradável. Quando antes da visita, da viagem ou das compras você está de mau humor, temeroso ou apreensivo de algo desagradável, está irradiando forças invisíveis que irão fazer algo desagradável. Nossos pensamentos, ou, em outras palavras, nosso estado de espírito, está sempre em ação 'arranjando' coisas boas ou más com antecedência."
>
> Prentice Mulford

Prentice Mulford escreveu estas palavras na década de 1870. Que pioneiro! Você pode ver claramente como é importante *pensar com antecedência* em cada acontecimento todo os dias. Você sem dúvida já passou pela situação contrária, de pensar seu dia com antecedência e um dos resultados foi ter de correr e se afobar.

Se você está correndo ou se afobando, saiba que esses pensamentos e atos são baseados no medo (medo de estar atrasado) e que você está "arranjando" coisas ruins antecipadamente. Continuando a correr, irá atrair para seu caminho uma coisa ruim depois da outra. Além disso, a lei de atração está "arranjando" *mais* situações futuras que farão com que você corra e se afobe. Você precisa *parar* e mudar de freqüência. Dê um tempo e mude, se não quiser invocar coisas ruins para si.

Muitas pessoas, particularmente nas sociedades ocidentais, correm atrás de "tempo" e se queixam de que *não têm tempo suficiente*. Bem, quando alguém diz que não tem tempo suficiente, será assim pela lei da atração. Se você está correndo atrás do próprio rabo com pensamentos de falta de tempo, a partir de agora declare enfaticamente: "eu tenho tempo mais do que suficiente" e mude sua vida.

Você também pode transformar a espera em um tempo poderoso para criar sua vida futura. Na próxima vez em que estiver em uma situação em que tenha de esperar, aproveite o tempo e imagine todas as coisas que quer. Você pode fazer isso em qualquer lugar, a qualquer momento. Transforme todas as situações da vida em algo positivo. Transforme em um hábito diário determinar cada acontecimento de sua vida antecipadamente por intermédio de seus pensamentos. Faça com que as forças do Universo cheguem na sua frente em tudo o que fizer e onde for, pensando antecipadamente no que você quer. Assim você estará criando intencionalmente sua vida.

Resumos do Segredo

- *Como o gênio de Aladim, a lei da atração atende a todos os nossos pedidos.*

- *O Processo Criativo ajuda a criar o que você quer em três passos simples: peça, acredite e receba.*

- Pedir *ao Universo o que você quer é a oportunidade de ter clareza quanto ao que quer. Quando ficar claro em sua mente, você terá pedido.*

- Acreditar *implica em agir, falar e pensar como se já tivesse recebido o que pediu. Quando você emite a freqüência de ter recebido, a lei de atração move pessoas, acontecimentos e situações para que você os receba.*

- Receber *implica sentir como será assim que seu desejo se manifestar. Sentir-se bem agora o coloca na freqüência do que você quer.*

- *Para perder peso, não se concentre em "perder peso". Em vez disso, concentre-se em seu peso ideal. Sinta o seu peso ideal, e você o atrairá para si.*

- *O Universo não precisa de tempo para produzir o que você quer. É tão fácil produzir um dólar quanto um milhão de dólares.*

- *Começar com algo pequeno, como uma xícara de café ou uma vaga de estacionamento, é uma forma simples de experimentar a lei de atração em ação. Projete poderosamente atrair algo pequeno. Ao experimentar o poder que tem de atrair, você irá passar a criar coisas muito maiores.*

- *Crie seu dia com antecedência pensando no modo como você quer que ele seja, e estará criando sua vida intencionalmente.*

1/10,000
1/100,000
Nucleus
N P
P N N
P
P
Proton
10-10

Exercícios Poderosos

DR. JOE VITALE

Muitas pessoas se sentem atoladas, presas ou limitadas pelo momento que vivem. Sejam quais forem as suas circunstâncias, esta é apenas sua realidade momentânea, e a realidade momentânea começará a mudar como resultado de começar a utilizar O Segredo.

Sua realidade atual ou sua vida atual é resultado dos pensamentos que você tem. Tudo isso irá mudar quando você mudar seus pensamentos e sentimentos.

"Que um homem pode mudar a si mesmo (...) e comandar seu próprio destino é a conclusão de toda mente que está desperta para o poder do pensamento certo."

Christian D. Larson (1866–1954)

Lisa Nichols

Quando você quer mudar o momento que vive, precisa primeiramente mudar seus pensamentos. Sempre que você olha sua caixa de correio esperando ver uma conta, adivinhe... Lá está ela. Todo dia você sai de casa com medo de a conta chegar! Você nunca espera nada de bom. Você pensa em dívidas, você espera dívidas. Então a dívida deve aparecer, para que você não pense que está maluco. E todo dia você confirma seu pensamento: a dívida estará lá? Sim, a dívida está lá. A dívida estará lá? Sim, a dívida está lá. Por quê? Porque você esperava que a dívida estivesse lá. Então ela se apresentou, porque a lei da atração sempre obedece aos seus pensamentos. Faça um favor a si mesmo — espere um cheque!

A expectativa é uma força de atração poderosa, porque puxa as coisas para você. Como diz Bob Proctor, "O desejo o liga à coisa desejada, e a expectativa a leva para sua vida". Espere as coisas que você quer, e não espere as coisas que você não quer. O que você espera agora?

James Ray

A maioria das pessoas olha para como está em determinado momento e diz: "Isso é o que sou". Não é o que você é. É o que você foi. Digamos, por exemplo, que você não tem dinheiro suficiente na conta, não tem o relacionamento que deseja ou que sua saúde e seu preparo físico não são bons. Isso não é quem você é; é o resíduo de seus pensamentos e atos passados. Portanto, estamos constantemente vivendo nesse resíduo, digamos, dos nossos pensamentos e ações no passado. Quando você olha para sua situação e se define em função disso, está se condenando a ter apenas isso no futuro.

"Tudo o que somos é resultado do que pensamos"

Buda (563 a.C–483 a.C)

Gostaria de partilhar com vocês um exercício extraído do grande mestre Neville Goddard em uma conferência que ele fez em 1954, intitulada "The Prunning Shears of Revision". Esse exercício teve um efeito profundo em minha vida. Neville recomenda que no final de cada dia, antes de dormir, você pense nos acontecimentos do período. Se algum acontecimento ou momento não foi como você queria, o repita em sua mente de um modo que o emocione. Recriando esses acontecimentos em sua mente exatamente como gostaria, você está limpando a sua freqüência daquele dia e emitindo um novo sinal e uma nova freqüência para amanhã. Você intencionalmente criou novas imagens para seu futuro. Nunca é tarde demais para mudar as imagens.

O poderoso processo da gratidão

DR. JOE VITALE

O que você pode fazer imediatamente para mudar sua vida? A primeiríssima coisa a fazer é uma lista das coisas pelas quais deve ser grato. Isso muda sua energia e começa a mudar sua forma de pensar. Se antes desse exercício talvez você estivesse concentrado no que não tem, em suas queixas e problemas, ao praticá-lo você toma um novo rumo. Começa a ser grato por todas as coisas de que gosta.

"Se é nova para você a idéia de que a gratidão coloca sua mente em maior harmonia com as energias criativas do Universo, pense bem nisso, e você verá que é verdade."

Wallace Wattles (1860–1911)

MARCI SHIMOFF

A gratidão é, definitivamente, a forma de trazer mais para sua vida.

Dr. John Gray

Psicólogo, escritor e conferencista internacional

Todo homem sabe: quando sua esposa está satisfeita com as pequenas coisas que ele faz, o que ele tem vontade de fazer? Ele quer fazer mais. Tudo tem sempre a ver com reconhecimento. Isso atrai as coisas. Atrai apoio.

Dr. John Demartini

Tudo no que pensamos e pelo que agradecemos, conseguimos.

James Ray

A gratidão foi para mim um exercício poderoso. Toda manhã eu me levanto e digo "Obrigado". Toda manhã, quando coloco os pés no chão, "Obrigado". Então começo a repassar tudo pelo que sou grato, enquanto escovo os dentes e faço o que tenho de fazer de manhã. E não estou apenas pensando nisso e executando uma rotina mecanicamente. Estou colocando isso para fora e sentindo gratidão.

Nunca me esquecerei do dia em que filmamos James Ray partilhando conosco seu poderoso exercício de gratidão. A partir daquele dia eu incorporei o processo de James à minha vida. De manhã, eu não me levanto da cama antes de agradecer pelo novo dia e por tudo aquilo que sou grata em minha vida. Então eu me levanto e, ao botar cada um dos pés no chão digo "Muito" e "obrigada". A cada passo que dou a caminho do banheiro eu digo

"Obrigada". Continuo a dizer e sentir "Obrigada" enquanto tomo banho e me arrumo. Quando estou pronta para começar o dia, disse "Obrigada" centenas de vezes.

Quando faço isso, estou poderosamente criando meu dia e tudo o que ele contém. Estou ajustando minha freqüência para o dia e intencionalmente declarando como eu quero que ele transcorra, em vez de pular da cama e permitir que o dia me controle. Não há forma mais poderosa do que esta de começar o dia!

A gratidão foi uma parcela fundamental dos ensinamentos de todos os grandes avatares ao longo da história. No livro que mudou a minha vida, *A ciência de ficar rico*, escrito por Wallace Wattles em 1910, a gratidão é o capítulo mais longo. Cada professor apresentado em *The Secret — O Segredo* usa a gratidão como parte do seu dia. A maioria deles já acorda com pensamentos e sentimentos de gratidão.

Joe Sugarman, um homem maravilhoso e empresário de sucesso, assistiu *The Secret — O Segredo* e me procurou. Ele disse que sua parte favorita era o processo de gratidão, e que sua utilização contribuiu para tudo o que ele tinha conseguido na vida. Com todo o sucesso que Joe atraiu para si, ele continua a se valer da gratidão todos os dias, mesmo nas menores coisas. Quando consegue uma vaga para estacionar, sempre diz e sente "Obrigado". Joe reconhece o poder da gratidão e tudo o que ela deu a ele, portanto, a gratidão é seu estilo de vida.

De tudo o que li e tudo o que experimentei em minha vida usando O Segredo, o poder da gratidão está em primeiro lugar. Se você só puder aproveitar uma coisa do conhecimento do Segredo, pratique a gratidão até ela se tornar seu estilo de vida.

DR. JOE VITALE

Assim que você começa a se sentir diferente em função do que já tem, começa a atrair mais coisas boas. Mais coisas pelas quais ser grato. Você pode olhar ao redor e dizer: "Bem, eu não tenho o carro que quero. Eu não tenho a casa que quero. Eu não tenho a esposa que quero. Eu não tenho a saúde que quero". Opa! Chega, chega! Todas essas são as coisas que você não quer. Se concentre no que tem e pelo que é grato. Você pode ser grato pelo fato de ter a visão perfeita e pode estar lendo isso. Pode ser grato pelas roupas que você tem. Sim, você pode preferir outra coisa e pode conseguir outra coisa logo, se começar a se sentir grato pelo que tem.

"Muitas pessoas que organizam sua vida corretamente em outros campos são mantidas na pobreza por sua falta de gratidão."

É impossível acrescentar algo mais à sua vida se você não se sente grato pelo que tem. Por quê? Porque os pensamentos e sentimentos que você emite quando não é grato são emoções negativas. Sejam eles inveja, ressentimento, insatisfação ou a sensação de "não é o bastante", esses sentimentos não podem dar a você o que quer.

Só podem devolver mais do que você não quer. Essas emoções negativas impedem que o bom chegue a você. Se você quer um carro novo mas não está grato pelo carro que tem, essa é a freqüência dominante que você transmite.

Agradeça pelo que tem agora. Quando começar a pensar em todas as coisas da sua vida pelas quais é grato, ficará impressionado com os pensamentos intermináveis que terá de mais coisas pelas quais ser grato. Você precisa começar, e então a lei da atração irá receber esses pensamentos de gratidão e dar a você mais deles. Você terá sintonizado a freqüência da gratidão, e todas as coisas boas serão suas.

> "A prática diária da gratidão é um dos canais pelos quais a riqueza chegará a você."
>
> Wallace Wattles

Lee Brower

CONSULTOR E ESPECIALISTA EM FORTUNAS, ESCRITOR E PROFESSOR

Acho que todos têm momentos em que dizem: "As coisas não estão dando certo" ou "As coisas vão mal". Certa vez, quando alguns problemas estavam acontecendo na minha família, achei uma pedrinha, e fiquei sentado com ela na mão. Eu peguei a pedra, guardei-a no bolso e disse: "Sempre que eu segurar esta pedra vou pensar em algo pelo que sou grato". Assim, toda manhã, quando levanto, pego a pedrinha no armário, guardo ela em meu bolso e penso nas coisas pelas quais sou grato. De noite, o que faço? Esvazio meu bolso e lá está ela novamente.

Eu tive algumas experiências impressionantes com essa idéia. Um sujeito da África do Sul me viu segurando a pedra e perguntou: "O que é isso?". Eu expliquei, e ele passou a chamá-la de pedra da gratidão. Duas semanas depois, eu recebi um e-mail dele, da África do Sul, dizendo: "Meu filho está morrendo de uma doença rara. É um tipo de hepatite. Você poderia me mandar três pedras da gratidão?" Eram apenas pedras comuns que tinha achado na rua, então disse: "Claro". Eu tinha de garantir que as pedras fossem muito especiais, então fui ao rio, peguei as pedras certas e as mandei para ele.

Quatro ou cinco meses depois recebi um e-mail dele, dizendo: "Meu filho está melhor, está indo muito bem". E acrescentou: "Mas você precisa saber de uma coisa. Nós vendemos mais de mil pedras por dez dólares cada como pedras da gratidão, e levantamos todo esse dinheiro para a caridade. Muito obrigado".

Portanto, é muito importante ter uma "atitude de gratidão."

O grande cientista Albert Einstein revolucionou o modo de perceber o tempo, o espaço e a gravidade. Pelas dificuldades que enfrentou no início de sua vida poderia se achar impossível que ele tivesse condições de conquistar o que conquistou. Einstein conhecia muito do Segredo, e dizia "Obrigado" centenas de vezes por dia. Ele agradecia a todos os grandes cientistas que o tinham antecedido por suas contribuições, que permitiram a ele aprender e conquistar ainda mais em sua obra, e se tornar um dos maiores cientistas de todos os tempos.

Um dos usos mais poderosos da gratidão pode ser incorporado ao Processo Criativo para turbinar o que você quer. Como Bob Proctor aconselhou no primeiro passo do Processo Criativo, *Peça*, comece escrevendo o que você quer. *"Comece cada frase com: Estou tão feliz e grato agora que..."* (você preenche a lacuna).

Quando você agradece como se já tivesse recebido o que quer, você está enviando um sinal poderoso para o Universo. Esse sinal diz que você já tem, porque está grato agora. Habitue-se a cada manhã, antes de sair da cama, ter o sentimento de gratidão *antecipadamente* pelo grande dia que virá, como se ele tivesse passado.

A partir do momento em que descobri O Segredo e tive a visão de partilhar esse conhecimento com o mundo, agradeci todos os dias pelo filme *The Secret — O Segredo*, que levaria alegria ao mundo. Eu não tinha idéia de como levaríamos esse conhecimento à tela, mas confiava em que iríamos atrair a forma correta. Eu apenas continuei concentrada e esperei o resultado. Eu tive profundos sentimentos de gratidão antecipadamente. Quando isso se tornou meu estado de ser, as comportas se abriram e toda a magia inundou nossas vidas. Para a maravilhosa equipe de *The Secret — O Segredo* e para mim, nossos profundos e sinceros sentimentos de gratidão continuam até hoje, e isso se tornou nosso estilo de vida.

O poderoso processo de visualização

Visualização é um processo ensinado por todos os grandes mestres e avatares ao longo dos séculos, assim como por todos os grandes professores de hoje. Em seu livro *The Master Key Sistem*, escrito em 1912, Charles Haanel apresenta 24 exercícios para dominar a visualização. (Mais importante, seu abrangente *Master Key Sistem* também o ajuda a se tornar mestre dos seus pensamentos.)

O motivo pelo qual a visualização é tão poderosa é que enquanto você cria imagens em sua mente ou se vê com o que deseja, gera pensamentos e sentimentos de ter o que deseja agora. A visualização é o mero pensamento poderosamente concentrado em imagens, e isso produz sentimentos igualmente poderosos. Quando você está visualizando, está emitindo aquela freqüência poderosa para o Universo. A lei de atração irá receber aquele sinal poderoso e devolver as imagens a você, assim como você as vê em sua mente.

DR. DENIS WAITLEY

Eu tirei os exercícios de visualização do programa Apollo e os incluí no programa olímpico nas décadas de 1980 e 1990. Foi chamado de Pesquisa Motor Visual.

Quando você visualiza, você materializa. Eis uma coisa interessante sobre a mente: nós pegamos atletas olímpicos, pedimos que eles disputassem as provas apenas na mente, e os ligamos a um sofisticado equipamento de biofeedback. *De forma impressionante, os mesmos músculos foram usados na mesma seqüência quando eles pensavam na disputa da prova e quando corriam na pista. Como é possível? Porque a mente não consegue distinguir se você realmente está fazendo algo ou se é apenas um exercício. Se você esteve lá mentalmente, estará lá fisicamente.*

Pense nos inventores e em suas invenções. Os irmãos Wright e o avião. George Eastman e o filme. Thomas Edison e a lâmpada elétrica. Alexander Graham Bell e o telefone. Todas as grandes invenções e criações só passaram a existir porque alguém criou uma imagem em sua mente. Ele a viu claramente, e mantendo em sua mente aquela imagem do resultado final, todas as forças do Universo levaram sua invenção ao mundo, *por intermédio* dele.

Esses homens conheciam O Segredo. Esses eram homens que tinham plena fé no invisível e que conheciam o poder de influenciar o Universo e tornar visível a invenção. Sua fé e sua imaginação levaram à evolução da humanidade, e nós desfrutamos dos benefícios de suas mentes criativas todos os dias.

Você pode estar pensando: "Eu não tenho uma mente como as desses grandes inventores". Você pode estar pensando: "Eles *conseguiam* imaginar essas coisas, eu não". Você não pode estar mais longe da verdade e, à medida que continuar nesta grande descoberta do conhecimento do Segredo, aprenderá que não apenas tem a mente que eles tinham, mas muito mais.

MIKE DOOLEY

Quando você estiver visualizando, quando tiver aquela imagem passando em sua mente, se concentre sempre e exclusivamente no resultado final.

Um exemplo: olhe as costas da sua mão agora mesmo. Olhe atentamente para as costas das suas mãos: a cor da pele, as pintas, os vasos sanguíneos, os anéis, as unhas. Capture todos os detalhes. Imediatamente depois, feche os olhos e veja suas mãos, seus dedos, segurando o volante de um carro novo.

DR. JOE VITALE

Esta é uma espécie de experiência holográfica — tão real neste momento — que você nem mesmo sente que precisa do carro, pois sente como se já o tivesse.

As palavras do dr. Vitale resumem de forma brilhante a posição em que você quer se colocar quando está visualizando. Quando, como um solavanco, você abre os olhos no mundo físico, sua visualização tornou-se real. Mas aquele estado, aquele plano, *são* o real. Esse é o campo em que tudo é criado, e o físico é apenas o *resultado* do campo *real* de toda a criação. É por isso que você sente que não precisa mais, porque você se sintonizou e sentiu o *real* campo de criação por intermédio de sua visualização. Nesse campo você tem tudo agora. Quando você sentir isso, saberá.

JACK CANFIELD

É o sentimento o que realmente produz a atração, não apenas a imagem ou o pensamento. Muitas pessoas imaginam: "Se eu pensar em coisas positivas ou se visualizar que tenho o que quero, isso será o bastante". Porém, se você faz isso, mas não se sente pleno, amoroso ou alegre, isso não cria o poder de atração.

BOB DOYLE

Você gera a sensação de realmente estar naquele carro. Não "Eu gostaria de ter aquele carro" ou "Um dia terei aquele carro", porque o sentimento associado a esses desejos é muito diferente. Ele não existe no agora. Ele existe no futuro. Se você continuar com esse sentimento, ele sempre estará no futuro.

MICHAEL BERNARD BECKWITH

Agora, aquele sentimento e aquela visão interna começaram a se tornar uma passagem aberta através da qual o poder do Universo começará a se expressar.

> "O que é este poder eu não sei. Sei apenas que ele existe."
>
> Alexander Graham Bell (1847–1922)

JACK CANFIELD

Nossa tarefa não é descobrir o "como". O "como" se mostrará a partir de um compromisso e crença no quê.

MIKE DOOLEY

Os "comos" são o domínio do Universo. Ele sempre conhece o caminho mais curto, rápido e harmonioso entre você e seu sonho.

DR. JOE VITALE

Se você entregar ao Universo, ficará surpreso e impressionado com o que será dado a você. É onde mágica e milagres acontecem.

Os professores do Segredo estão conscientes dos elementos que você coloca em ação quando visualiza. Quando você vê a imagem em sua mente e a sente, você se transporta para um ponto em que acredita que tem o que deseja agora. Também leva confiança e fé ao Universo, porque se concentra no resultado final e experimenta a sensação disso, sem prestar nenhuma atenção a "como" isso acontece. A imagem em sua mente vê o que você deseja como algo concluído. Seus sentimentos referem-se a algo já dado. Sua mente e todo o seu estado de ser vêem como *já tendo acontecido*. Essa é a arte da visualização.

DR. JOE VITALE

Você deve fazer isso virtualmente todos os dias, mas nunca como uma tarefa. O que é realmente importante para o Segredo é se sentir bem. Você quer se sentir estimulado por todo esse processo. Você quer ficar o mais animado possível, feliz e em sintonia.

Todo mundo tem o poder de visualizar. Deixe-me provar com a imagem de uma cozinha. Para que isso funcione, você primeiro precisa esvaziar a mente de todos os pensamentos sobre a sua cozinha. *Não* pense na sua cozinha. Limpe totalmente sua mente das imagens de sua cozinha, com seus armários, geladeira, azulejos e cores...

Você viu uma imagem de sua cozinha em sua mente, não? Bem, então você visualizou!

> "Todo mundo visualiza, quer saiba ou não. A visualização é o grande segredo do sucesso."
>
> Genevieve Behrend (1881–1960)

Eis uma dica sobre visualização que o dr. John Demartini dá em seus seminários de superação: se você cria na mente uma imagem estática, pode ser difícil mantê-la, então crie muito movimento em sua imagem.

Para exemplificar, imagine novamente a sua cozinha, mas desta vez visualize entrando nela, indo até a geladeira, colocando a mão no puxador, abrindo a porta, olhando dentro dela e achando uma garrafa com água gelada. Você segura a garrafa de água com uma das mãos e usa a outra para fechar a porta da geladeira. Agora que você está visualizando sua cozinha com detalhes e movimento, é mais fácil ver e manter a imagem, não?

"Todos temos mais poderes e maiores possibilidades do que nos damos conta, e visualizar é um dos maiores desses poderes."

Genevieve Behrend

Os poderosos processos em ação

MARCI SHIMOFF

A única diferença entre as pessoas que vivem desta forma, que vivem a magia da vida, e as outras é que as pessoas que vivem a magia da vida se acostumaram com formas de ser. Elas se habituaram a usar a lei da atração, e a magia surge aonde quer que elas vão. Porque elas se lembram de usá-la. Elas a utilizam o tempo todo, não apenas uma vez só.

Eis aqui duas histórias que demonstram claramente a poderosa lei da atração e a matriz imaculada do Universo em ação.

A primeira história é a de uma mulher, Jeannie, que comprou um DVD do *The Secret — O Segredo* e o assistia pelo menos uma vez por dia como se para que as células do seu corpo absorvessem a mensagem. Ela estava especialmente impressionada com Bob Proctor, e pensava que seria maravilhoso conhecê-lo.

Certa manhã Jeannie foi pegar sua correspondência, e, para seu absoluto espanto, percebeu que o carteiro tinha acidentalmente entregado no endereço dela a correspondência de Bob Proctor.

O que Jeannie não sabia era que Bob Proctor morava a apenas quatro quarteirões dela! Não apenas isso, como o número da casa de Jeannie era o mesmo da casa de Bob. Ela foi imediatamente entregar a correspondência no endereço certo. Você pode imaginar sua satisfação quando a porta se abriu e ela viu Bob Proctor na sua frente? Bob raramente está em casa, já que viaja por todo o mundo dando aulas, mas a matriz do Universo tem uma perfeita noção de tempo. A partir do pensamento de Jeannie de que seria maravilhoso conhecer Bob Proctor, a lei da atração movimentou pessoas, circunstâncias e acontecimentos por todo o Universo para que isso acontecesse.

A segunda história envolve um garoto de dez anos chamado Colin, que tinha visto *The Secret — O Segredo* e adorado. A família de Colin passou uma semana na Disney World, e no primeiro dia eles enfrentaram longas filas no parque. Assim, naquela noite, imediatamente antes de dormir, Colin pensou: "Eu amanhã adoraria brincar em todos aqueles brinquedos grandes e nunca ter de esperar na fila".

Na manhã seguinte, Colin e sua família estavam no portão do Epcot Center no momento em que o parque abriu, e um funcionário da Disney se aproximou perguntando se eles gostariam de ser a Primeira Família do Dia no Epcot. Como Primeira Família, teriam status de VIPs, um membro da equipe como guia especial e passes para todas as atrações do Epcot. Era tudo o que Colin queria, e muito mais.

Centenas de famílias estavam esperando para entrar no Epcot naquela manhã, mas Colin não teve nenhuma dúvida dos motivos pelos quais sua família tinha sido escolhida como Primeira Família. Ele sabia que era porque ele tinha usado O Segredo.

Imagine descobrir — aos dez anos de idade — que o poder de mover o mundo está dentro de você!

"Nada pode impedir que sua imagem ganhe forma concreta, a não ser o mesmo poder que a gerou — você mesmo."

Genevieve Behrend

James Ray

As pessoas se dedicam a isso durante algum tempo, e realmente acham que estão se esforçando. Elas dizem: "Eu me liguei. Eu vi este programa e vou mudar minha vida". Mas os resultados não aparecem. Sob a superfície, elas estão prestes a conseguir, mas a pessoa vê apenas os resultados superficiais e diz: "Isso não está funcionando". E sabe o que acontece? O Universo diz: "Seu desejo é uma ordem", e desaparece.

Quando você permite que uma dúvida encha a sua mente, a lei da atração logo enviará uma dúvida após a outra. No momento em que a dúvida surgir, a descarte imediatamente. Mande esse pensamento embora. O substitua por "Eu *sei* que estou recebendo agora". E sinta isso.

John Assaraf

Conhecendo a lei da atração, eu realmente queria colocá-la em prática e ver o que iria acontecer. Em 1995 comecei a fazer uma coisa chamada Painel de Visualização, no qual eu colocava a imagem de algo que queria conquistar ou algo que queria atrair, como um carro, um relógio ou a alma gêmea dos meus sonhos, e colocava uma imagem do que eu queria nesse quadro. Todo dia eu me sentava no escritório, olhava para o quadro e começava a visualizar. Eu realmente estava entrando no estado de ter conseguido.

Eu estava pronto para seguir em frente. Nós colocamos todos os móveis e todas as caixas em um depósito e eu me mudei três vezes em um período de cinco anos. Eu terminei na Califórnia, comprei esta casa, a reformei durante um ano e trouxe todas as minhas coisas de minha antiga casa de cinco anos antes. Certa manhã, meu filho Keenan entrou em meu escritório, e junto à porta estava uma das caixas, que tinha permanecido fechada por cinco anos. Ele perguntou: "O que tem nessas caixas, pai?". Eu respondi: "Esses são meus Painéis de Visualização". Ele retrucou: "O que é um Painel de Visualização?". Eu respondi: "Bem, é onde eu coloco todos os meus objetivos. Eu os recorto e coloco como algo que quero conquistar". Claro que, com cinco anos e meio ele não entendeu, então eu disse: "Querido, eu vou mostrar a você, que é mais fácil".

Eu abri a caixa e em um dos Painéis de Visualização havia uma imagem de uma casa que eu estava visualizando havia cinco anos. O mais chocante foi que nós estávamos vivendo naquela casa. Não uma casa como aquela — eu realmente tinha comprado a minha casa dos sonhos, a reformado e sequer sabia disso. Eu olhei para aquela casa e comecei a chorar, porque realmente fiquei perturbado. Keenan perguntou: "Por que você está chorando?". Eu respondi: "Eu finalmente entendi como a lei da atração funciona. Eu finalmente entendi o poder da visualização. Eu finalmente entendi tudo o que eu li, tudo em que eu trabalhei a vida toda, o modo como construí empresas. Ela também funcionou para nossa casa; eu comprei a casa dos meus sonhos e sequer sabia".

> "A imaginação é tudo. É uma prévia das próximas atrações da vida."
>
> Albert Einstein (1879–1955)

Você pode dar asas à imaginação com um Painel de Visualização, e colocar imagens de todas as coisas que você quer, e imagens de como você quer que sua vida seja. Se preocupe em colocar o Painel de Visualização em um lugar onde você possa vê-lo e olhar para ele todos os dias, como John Assaraf fez. *Tenha* a sensação de possuir aquelas coisas agora. Após receber, e sentir gratidão por receber, você pode substituir as imagens por outras. É uma forma maravilhosa de apresentar às crianças a lei de atração. Eu espero que a criação de um Quadro de Visões inspire pais e professores em todo o mundo.

Uma das pessoas que participou do fórum do site de *The Secret* colocou em seu Painel de Visualização uma imagem do DVD de *The Secret — O Segredo*. Ele tinha visto *The Secret — O Segredo*, mas não tinha uma cópia do DVD. Dois dias depois de ela ter criado seu Painel de Visualização, eu me senti inspirada a postar uma nota no fórum de *The Secret — O Segredo* premiando com DVDs as primeiras dez pessoas que respondessem. E foi um dos dez! E recebeu um exemplar do DVD de *The Secret — O Segredo* dois dias depois de colocá-lo em seu Painel de Visualização. Seja um DVD de *The Secret — O Segredo* ou uma casa, o prazer de criar e receber é maravilhoso!

Outro exemplo do poder da visualização é a experiência de minha mãe ao comprar uma casa nova. Além de minha mãe, várias pessoas tinham feito ofertas para aquela casa em especial. Minha mãe decidiu usar O Segredo para ficar com aquela casa. Ela se sentou e escreveu seu nome e o novo endereço da casa várias vezes. Ela fez isso até sentir que aquele era o seu endereço. Ela então se imaginou colocando todos os seus móveis na casa nova. Algumas horas depois de fazer isso, recebeu um telefonema avisando que sua oferta tinha sido aceita. Ela estava muito emocionada, mas não ficou surpresa, porque *sabia* que aquela casa era dela. Que vitória!

JACK CANFIELD

Decida o que você quer. Acredite que pode ter. Acredite que merece e que é possível. Então feche seus olhos todos os dias durante alguns minutos e visualize já ter o que você quer, com a sensação de já ter. Pare e se concentre por já estar grato, e realmente goste disso. Então comece seu dia e deixe ao Universo, e confie que o Universo vai saber como se manifestar.

Resumos do Segredo

- *A expectativa é uma força de atração poderosa. Espere as coisas que você quer, e não espere as coisas que não quer.*
- *A gratidão é um processo poderoso de transformar sua energia e conquistar para sua vida mais do que você quer. Agradeça pelo que já tem, e irá atrair ainda mais coisas boas.*
- *Agradecer antecipadamente por aquilo que quer turbina seus desejos e envia ao Universo um sinal mais poderoso.*
- *Visualização é o processo de criar na mente imagens de você mesmo desfrutando o que quer. Quando você visualiza, gera pensamentos e sensações poderosas de já ter. A lei da atração então devolve essa realidade a você, assim como a viu na sua mente.*
- *Para usar a lei da atração em seu benefício, transforme-a num modo de vida, não em um acontecimento isolado.*
- *Ao final de cada dia, antes de dormir, repasse os acontecimentos daquele dia. Se algo não se passou como você queria, repita-o em sua mente da forma como gostaria que tivesse sido.*

O Segredo para o Dinheiro

"O que a mente (...) pode conceber ela pode conseguir."

W. Clement Stone (1902–2002)

Jack Canfield

O Segredo foi uma verdadeira transformação para mim, porque eu fui criado por um pai muito negativo que achava que os ricos eram pessoas que tinham explorado todo mundo e que se uma pessoa tinha dinheiro era porque tinha enganado alguém. Assim, eu cresci com muitas idéias sobre dinheiro; que se você tinha, ele o tornava mau; que apenas pessoas ruins tinham dinheiro e que dinheiro não dava em árvores. "Quem você pensa que eu sou, Rockefeller?" Essa era uma de suas frases prediletas. Assim, eu cresci acreditando realmente que a vida era difícil. Apenas quando conheci W. Clement Stone minha vida começou a mudar.

Quando eu trabalhava com Stone ele dizia: "Quero que você estabeleça uma meta que seja tão ambiciosa, que, se você a atingir ficará em êxtase, e você saberá que só por causa do que eu o ensinei você atingiu essa meta". Na época eu recebia cerca de oito mil dólares por ano, então disse: "Eu quero ganhar cem mil dólares por ano". Mas eu não tinha a menor idéia de como poderia conseguir isso. Eu não tinha estratégia, não via possibilidade, mas disse: "vou dizer isso, vou acreditar nisso, vou agir como se fosse verdade, e vou anunciar isso ao mundo". Foi o que fiz.

Uma das coisas que ele me ensinou foi todos os dias fechar os olhos e visualizar as metas como se eu já as tivesse atingido. Eu tinha desenhado uma nota de cem mil dólares, que colei no teto. Assim, quando eu acordava de manhã, olhava para cima e lá estava ela, e isso me lembrava de que aquela era a minha intenção. Então eu fechava os olhos e visualizava ter o estilo de vida de cem mil dólares por ano. O interessante foi que não aconteceu nada demais durante trinta dias. Eu não tive nenhuma idéia revolucionária nem ninguém me ofereceu mais dinheiro.

Cerca de quatro semanas depois, eu tive uma idéia de cem mil dólares. Ela simplesmente surgiu na minha cabeça. Eu tinha escrito um livro, e disse: "Se eu conseguir vender quatrocentos mil exemplares do meu livro por 25 centavos cada, terei cem mil dólares". Bem, o livro estava ali, mas eu nunca tinha pensado nisso. (Um dos Segredos é que quando você tem um pensamento inspirado, tem de confiar e agir de acordo com ele.) Eu não sabia como iria vender quatrocentos mil exemplares.

Então eu vi o National Enquirer *no supermercado. Eu já o tinha visto milhões de vezes, mas ele não passava de cenário. E, de repente, ele surgiu em primeiro plano. Eu pensei: "Se os leitores souberem do meu livro, certamente quatrocentas mil pessoas irão comprá-lo".*

Cerca de seis semanas depois eu fiz uma palestra no Hunter College, em Nova York, para seiscentos professores, e no final uma mulher me abordou e disse: "Foi uma ótima palestra. Eu gostaria de entrevistá-lo. Fique com o meu cartão". Eu descobri que ela era uma free-lancer *que vendia matérias para o* National Enquirer. *A música tema de* The Twilight Zone *surgiu na minha cabeça como: uau, essa coisa está funcionando mesmo. O artigo foi publicado e as vendas do livro começaram a aumentar.*

Eu quero chamar atenção para o fato de que eu estava atraindo para a minha vida todos esses acontecimentos diferentes, incluindo aquela pessoa. Para resumir a história, eu não ganhei cem mil dólares naquele ano. Nós fizemos 92.327 dólares. Mas você acha que ficamos deprimidos e dissemos "Isso não funciona"? Não, nós dissemos: "Isso é impressionante!". Então minha esposa me perguntou: "Se funciona para cem mil, você acha que pode funcionar para um milhão?" E eu disse: "Não sei, acho que sim. Vamos tentar".

Meu editor fez para mim um cheque de direitos autorais de nosso primeiro livro Histórias para aquecer o coração. *E ele desenhou um "smile" ao lado de sua assinatura, porque era o primeiro cheque de um milhão de dólares que ele fazia.*

Assim, eu sei por experiência própria, porque eu quis testar. Esse Segredo realmente funciona? Nós o testamos. Ele sem dúvida funcionou, e eu hoje levo minha vida em função daquele dia.

O conhecimento do Segredo e a utilização intencional da lei da atração podem ser aplicados a todas as questões da sua vida. É o mesmo processo para tudo que você quiser criar, e com o tema dinheiro não é diferente.

Para ganhar dinheiro, você precisa se concentrar na riqueza. É impossível atrair mais dinheiro para sua vida quando você está percebendo que não tem o bastante, porque isso significa que você está tendo *pensamentos* de que não tem o bastante. Concentre-se em não ter dinheiro suficiente e você irá criar circunstâncias muito piores de não ter dinheiro suficiente. Você precisa se concentrar na abundância de dinheiro para trazê-lo até você.

Você precisa transmitir um novo sinal com seus pensamentos, e esses pensamentos devem ser de que você agora tem mais do que o suficiente. Você realmente precisa dar asas à sua imaginação e simular que tem todo o dinheiro que deseja. E é divertido fazer isso! Você irá perceber, ao fingir e brincar de ser rico, que imediatamente se sente melhor em relação ao dinheiro, e quando você se sente melhor com isso, ele começa a fluir para a sua vida.

A maravilhosa história de Jack inspirou a equipe de *The Secret — O Segredo* a criar um cheque em branco que pode ser baixado de graça no site *The Secret*, em www.thesecret.tv. O cheque em branco do Banco do Universo é para você. Você preenche seu nome, a quantia e outros detalhes, e o coloca em um lugar de destaque onde possa vê-lo todos os dias. Quando olhar para o cheque, tenha a sensação de já possuir aquele dinheiro. Imagine gastar aquele dinheiro, todas as coisas que você irá comprar e as coisas que fará. Sinta como é maravilhoso! Saiba que é seu, porque, quando você pede, recebe. Nós recebemos centenas de histórias de pessoas que atraíram quantias enormes usando o cheque de *The Secret*. É uma brincadeira divertida que funciona!

Atraia abundância

A única razão pela qual uma pessoa não tem dinheiro suficiente é estar *impedindo* com seus pensamentos que o dinheiro chegue a ela. Cada pensamento, sentimento ou emoção negativos está *impedindo* que seu bem chegue a você, e isso inclui dinheiro.

Não que o dinheiro esteja sendo escondido de você pelo Universo, porque todo o dinheiro de que você precisa existe exatamente agora no invisível. Se você não tem o bastante, é porque está bloqueando o fluxo de dinheiro para você, e faz isso com seus pensamentos. Você precisa fazer a balança dos seus pensamentos pender da falta de dinheiro para o dinheiro mais do que suficiente. Pense mais em abundância do que em carência. E você terá modificado a balança.

Quando você *precisa* de dinheiro, esse é um sentimento poderoso dentro de si, portanto, é claro que pela lei da atração você continuará a atrair a *necessidade* de dinheiro.

Posso falar de dinheiro por experiência própria, porque um pouco antes de descobrir O Segredo meus contadores me informaram de que minha empresa tinha sofrido um grande prejuízo naquele ano e que iria falir em três meses. Após dez anos de trabalho duro, minha empresa estava prestes a se desmanchar entre os meus dedos. E quanto mais eu precisava de dinheiro para salvar minha empresa, mais as coisas pioravam. Parecia não haver saída.

Então eu descobri o Segredo, e tudo em minha vida — incluindo a saúde de minha empresa — mudou completamente, porque eu mudei meu modo de pensar. Enquanto meus contadores continuavam a sofrer por causa dos números e a se concentrarem nisso, eu mantive minha mente concentrada em abundância e sucesso. Eu *sabia* com cada fibra do meu ser que o Universo daria, e deu. Deu de um modo que eu nunca teria imaginado. Eu tive minhas dúvidas, mas quando eu duvidava, imediatamente passava a pensar no resultado do que eu queria. Eu agradecia por isso, me alegrava com isso, e *acreditava*!

Eu quero contar a você um segredo do Segredo. O atalho para qualquer coisa que você queira na sua vida é SER e SE SENTIR feliz agora! É o meio mais rápido para levar à sua vida dinheiro e qualquer outra coisa que queira. Concentre-se em transmitir para o Universo esses sentimentos de satisfação e felicidade. Quando você faz isso, atrai de volta todas as coisas que dão satisfação e felicidade, que não são apenas abundância de dinheiro, mas tudo o mais que você quer. Você precisa transmitir o sinal para receber o que quer. Quando transmite sentimentos de alegria, eles voltam a você como as imagens e experiências da sua vida. A lei da atração está refletindo seus pensamentos e sentimentos mais recônditos na forma de sua vida.

Concentre-se na prosperidade

DR. JOE VITALE

Eu posso imaginar o que muitas pessoas estão pensando: "Como eu posso atrair mais dinheiro para minha vida? Como eu consigo mais verdinhas? Como eu consigo mais riqueza e prosperidade? Como eu posso, gostando do emprego que tenho, lidar com a dívida no cartão de crédito e a compreensão de que talvez haja um limite no dinheiro que ganho, justamente porque ele vem deste emprego? Como eu posso ganhar mais?". Queira isso!

Isso remete a uma das coisas que abordamos sobre O Segredo. Sua tarefa é dizer o que gostaria de ter no catálogo do Universo. Se dinheiro for uma dessas coisas, diga o quanto gostaria de ter. "Eu gostaria de ter 25 mil dólares, renda inesperada, nos próximos trinta dias", ou o que quer que seja. Deve ser algo em que você possa acreditar.

Se até então você pensou que um emprego era a única forma de ganhar dinheiro, esqueça isso imediatamente. Você entende que enquanto continuar a pensar assim, essa *será* a sua experiência? Pensamentos assim não servem a você.

Agora você está compreendendo que há abundância para você, e seu trabalho não é descobrir "como" o dinheiro chegará. Seu trabalho é pedir, acreditar que irá receber, e ficar alegre desde agora. Deixe a cargo do Universo os detalhes sobre como isso chegará a você.

Bob Proctor

A maioria das pessoas tem como meta fugir das dívidas. Isso o deixará endividado para sempre. Você sempre irá atrair aquilo em que está pensando. "Mas é acabar com a dívida". Não me importa se é acabar ou começar, se você está pensando em dívida, está atraindo dívida. Inicie um programa automático de quitação de dívida depois passe a se concentrar na prosperidade.

Quando você tem uma pilha de contas sem ter idéia de como pagá-las, não pode se concentrar nas contas, porque continuará a atrair mais contas. Você precisa encontrar uma forma de se concentrar na prosperidade, *apesar* das contas ao seu redor. Precisa encontrar uma forma de se sentir bem, para que possa atrair o que é bom.

James Ray

Muitas vezes as pessoas me dizem: "Eu gostaria de duplicar minha renda ano que vem". Mas aí você olha para suas atitudes e elas não estão fazendo as coisas que irão permitir que isso aconteça. Ao contrário, elas pensam: "Eu não dou conta". Adivinhe o que vai acontecer? "Seu desejo é uma ordem".

Se as palavras "Eu não dou conta" já saíram de sua boca, a hora de mudar é *agora*. Mude isso por "Eu dou conta! Eu posso comprar aquilo!". Repita isso sem parar. Seja como um papagaio. Durante os próximos 30 dias, se comprometa a olhar para tudo de que gosta e dizer para si mesmo: "Eu dou conta. Eu posso comprar aquilo". Quando vir o carro dos seus sonhos diga: "Eu dou conta". Ao ver roupas que adora, ao pensar em ótimas férias, diga "Eu dou conta". Ao fazer isso você começará a mudar e a se *sentir* melhor em relação ao dinheiro. Começará a se convencer de que dá conta dessas coisas, e ao fazer isso, as imagens da sua vida irão mudar.

LISA NICHOLS

Quando você se concentra em falta, carência e no que não tem, cria caso com sua família, discute com os amigos, diz aos filhos que não tem o bastante — "Não temos o bastante para isso, não damos conta daquilo" — e nunca será capaz de ter aquilo, porque passa a atrair mais do que não tem. Se você quer abundância, se quer prosperidade, então se concentre na abundância. Concentre-se na prosperidade.

> "A substância espiritual da qual vem toda a riqueza visível nunca se esgota. Está com você todo o tempo e responde à fé que você lhe tem e aos pedidos que lhe faz."
>
> Charles Fillmore (1854–1948)

Agora que você conhece O Segredo, quando vir alguém rico saberá que os pensamentos dominantes daquela pessoa são na riqueza, e não na carência, e que ela *atraiu* riqueza — consciente ou inconscientemente. Ela se concentrou em pensamentos de riqueza, e o Universo moveu pessoas, circunstâncias e acontecimentos para levar riqueza a ela.

A riqueza que ela tem, você também tem. A única diferença entre vocês é que ela teve os pensamentos que atraíram riqueza. Sua riqueza está esperando por você no invisível, e para trazê-la ao visível, pense rico!

David Schirmer

Todos os dias eu tinha um punhado de contas na minha caixa de correio. Quando compreendi O Segredo, eu pensei: "Como mudo isso?". A lei de atração afirma que você consegue aquilo em que se concentra, então eu peguei um extrato bancário, apaguei o saldo e coloquei um novo saldo. Eu coloquei exatamente quanto queria ver no banco. Então pensei: "E se simplesmente visualizasse cheques chegando pelo correio?". Então visualizei um punhado de cheques vindo pelo correio. Em apenas um mês, as coisas começaram a mudar. É impressionante: hoje eu só recebo cheques pelo correio. Eu recebo algumas contas, porém mais cheques que contas.

Desde o lançamento do filme *The Secret — O Segredo*, nós recebemos centenas de cartas de pessoas contando como, depois que viram o filme, receberam cheques inesperados pelo correio. E isso aconteceu porque, quando deram atenção à história de David e se concentraram nela, atraíram os cheques até elas.

Um jogo que eu inventei e me ajudou a mudar minhas sensações sobre minha pilha de contas foi fingir que as contas na verdade eram cheques. Eu pulava de alegria quando as abria, dizendo: "Mais dinheiro para mim! Obrigado. Obrigado". Eu pegava cada conta, imaginava que era um cheque, então acrescentava um zero a ela em minha mente para torná-la ainda maior. Eu pegava um bloco e escrevia no alto da página: "recebido", então relacionava o valor das contas com o acréscimo de um zero. Junto a cada valor eu escrevia: "Obrigado", e tinha o sentimento de gratidão por receber — a ponto de ficar com lágrimas nos olhos. Então pegava cada conta, que parecia muito pequena comparada com o que tinha recebido, e pagava com gratidão!

Eu nunca abria minhas contas até ter a sensação de que eram cheques. Se eu as abrisse antes de me convencer de que eram cheques, meu estômago se contorcia. Eu sabia que a emoção do meu estômago se contorcendo estava poderosamente trazendo mais contas. Eu precisava apagar aquele sentimento e substituí-lo por sentimentos alegres, para poder atrair mais dinheiro para minha vida. Diante de uma pilha de contas, o jogo funcionou para mim, e isso mudou minha vida. Há muitos jogos que você pode criar, e você irá descobrir qual é o melhor em função de como se sente por dentro. Quando você simula, os resultados são rápidos!

Loral Langemeier

Estrategista financeiro, conferencista e consultor pessoal e empresarial

Eu fui criado com a idéia de "Você tem de trabalhar duro para ganhar dinheiro". Eu substituí isso por "Dinheiro vem fácil e com freqüência". No começo isso parece uma mentira, certo? Há uma parte do seu cérebro que diz: "Mentiroso, é difícil". Você precisa saber que é uma partidazinha de tênis que irá demorar um pouco.

Se você já pensou "eu realmente tenho de dar duro e me esforçar para ter dinheiro", esqueça essa idéia imediatamente. Pensando assim, você transmite essa freqüência, e essas se tornam as imagens de sua experiência de vida. Siga o conselho de Loral Langemeier e substitua esse pensamento por "Dinheiro vem fácil e com freqüência".

David Schirmer

No que diz respeito a criar riqueza, a riqueza é um estado de espírito. Tem a ver com seu modo de pensar.

Loral Langemeier

Eu diria que 80% do treinamento que eu faço com as pessoas é sobre sua psicologia e sobre a forma como elas pensam. Eu sei quando as pessoas dizem: "Ah, você consegue, eu não". As pessoas têm a capacidade de mudar seu relacionamento interno e seu diálogo com o dinheiro.

"A boa notícia é que no momento em que você decide que aquilo que sabe é mais importante do que aquilo que foi ensinado a acreditar, você muda de ritmo em sua busca por abundância. O sucesso vem de dentro, não de fora".

Ralph Waldo Emerson (1803–1882)

Você precisa se *sentir bem* com o dinheiro para atrair mais para você. Compreensivelmente, quando as pessoas não têm dinheiro suficiente, não se sentem bem com isso, porque não têm o bastante. Mas esses sentimentos negativos em relação ao dinheiro impedem que o dinheiro chegue a você! Você tem de interromper o ciclo, e faz isso passando a se sentir bem em relação ao dinheiro, e a ser grato pelo que tem. Comece a dizer e a *sentir*: "Eu tenho mais do que o suficiente". "Há abundância de dinheiro, e ele está a caminho de mim". "Eu sou um ímã para dinheiro". "Eu adoro dinheiro, e o dinheiro me adora". "Estou recebendo dinheiro todo dia". "Obrigado. Obrigado. Obrigado."

Dê dinheiro para receber dinheiro

Dar é uma ação poderosa para levar mais dinheiro para sua vida, porque quando você está dando, está dizendo: "Eu tenho muito". Você não deve se surpreender por as pessoas mais ricas do planeta serem grandes filantropos. Elas dão enormes quantias, e quando dão, pela lei da atração, o Universo se abre e derrama sobre elas enormes quantias — multiplicadas!

Se você está pensando: "eu não tenho dinheiro bastante para dar", bingo! Agora você sabe por que não tem dinheiro o bastante! Quando pensar que não tem o bastante para dar, comece a dar. Quando demonstrar fé partilhando, a lei da atração dará a você mais para dar.

Há uma grande diferença entre dar e se sacrificar. Dar de um coração pleno é bom. Sacrifício não é bom. Não confunda as duas coisas — elas são diametralmente opostas. Uma emite um sinal de falta e a outra emite um sinal de mais do que suficiente. Uma é boa, outra não. O sacrifício leva ao ressentimento. Dar de coração é uma das melhores coisas que você pode fazer, e a lei da atração irá captar esse sinal e conduzir ainda mais para sua vida. Você pode *sentir* a diferença.

James Ray

Eu encontro muita gente que ganha um volume enorme de dinheiro, mas seus relacionamentos são uma porcaria. E isso não é riqueza. Você pode correr atrás do dinheiro e pode ficar rico, mas isso não garante opulência. Não estou dizendo que dinheiro não é parte da opulência, sem dúvida é. Mas é só uma parte.

E eu conheço muita gente que é "espiritualizada", mas que está doente e quebrada o tempo todo. Isso também não é opulência. A vida deve ser abundante — em todas as áreas.

Se você foi criado acreditando que ser rico significa não ser espiritualizado, eu recomendo fortemente que você leia a série *Os milionários da Bíblia*, de Catherine Ponder. Nesses ótimos livros você irá descobrir que Abraão, Isaac, José, Jacó, Moisés e Jesus não eram apenas mestres da prosperidade, mas também eram milionários, com estilos de vida muito mais opulentos do que muitos dos milionários de hoje poderiam conceber.

Você é herdeiro do reino. A prosperidade é sua por direito de nascença, e você tem a chave para mais abundância — em todas as áreas da sua vida — do que pode imaginar. Você merece todas as coisas boas que deseja, e o Universo dará todas as coisas boas que deseja, mas você precisa trazer isso para sua vida. Agora você conhece O Segredo. Você tem a chave. A chave é seu pensamento e seus sentimentos, e durante toda a vida você segurou a chave nas mãos.

MARCI SHIMOFF

Muitas pessoas na cultura ocidental lutam pelo sucesso. Elas querem a melhor casa, querem que seus negócios prosperem, querem todas essas coisas externas. Mas o que descobrimos em nossa pesquisa foi que ter essas coisas externas não necessariamente garante o que realmente queremos, que é felicidade. Então buscamos essas coisas externas pensando que elas nos darão felicidade, mas isso é um equívoco. Você precisa primeiramente buscar a alegria interior, a paz interior, a visão interior, e depois todas as coisas externas aparecem.

Tudo o que você quer faz parte de um trabalho interno! O mundo exterior é o mundo dos efeitos; é apenas o resultado dos pensamentos. Sintonize seus pensamentos e sua freqüência na alegria. Transmita os sentimentos de felicidade e alegria que estão dentro de você para o Universo com toda força, e você irá experimentar o verdadeiro paraíso na Terra.

Resumos do Segredo

- *Para atrair dinheiro, se concentre na prosperidade. É impossível atrair mais dinheiro para sua vida quando você se concentra na falta dele.*

- *É útil soltar sua imaginação e fingir que você já tem o dinheiro que quer. Brinque de ter prosperidade e você se sentirá melhor em relação ao dinheiro; quando se sentir melhor com isso, mais irá fluir para sua vida.*

- *Sentir-se feliz agora é a forma mais rápida de atrair dinheiro para sua vida.*

- *Comprometa-se a olhar para tudo de que gosta e dizer a si mesmo: "Eu dou conta. Eu posso comprar aquilo". Você irá mudar sua forma de pensar e começará a se* sentir melhor *em relação ao dinheiro.*

- *Dê dinheiro, de modo a atrair mais para sua vida. Quando você é generoso com o dinheiro e se sente bem em partilhá-lo, está dizendo: "Eu tenho muito".*

- *Visualize cheques em sua caixa de correio.*

- *Faça a balança de seus pensamentos pender para a riqueza. Pense rico.*

O Segredo para os Relacionamentos

Marie Diamond

CONSULTORA DE FENG SHUI, PROFESSORA E CONFERENCISTA

O Segredo significa que somos os criadores do nosso Universo, e que cada desejo que quisermos concretizar irá surgir em nossas vidas. Portanto, nossos desejos, pensamentos e sentimentos são muito importantes, porque eles irão surgir.

Certo dia fui à casa de um diretor de arte, um produtor de cinema muito famoso. Em cada canto havia uma bela imagem de mulher nua envolta em um tecido, se virando de costas como quem diz "Eu não o vejo". Eu disse a ele: "Acho que você deve ter problemas afetivos". E ele disse: "Você é clarividente?". "Não, mas veja: em sete lugares, você tem exatamente a mesma mulher". Ele disse: "Mas eu adoro esse tipo de pintura. Eu mesmo pintei". Eu retruquei: "É ainda pior, pois você colocou toda a sua criação e criatividade nisso".

Ele é um homem bonito que está sempre cercado de atrizes, porque este é o seu trabalho, mas não está envolvido com ninguém. Eu perguntei: "O que você quer?". Ele respondeu: "Eu quero sair com três mulheres por semana". Eu disse: "OK, pinte isso. Pinte a si mesmo com três mulheres e pendure em todos os cantos de sua casa".

Seis meses depois eu o encontrei e perguntei: "Como está sua vida amorosa?". Ele respondeu: "Ótima. As mulheres me telefonam, querem sair comigo". Eu respondi: "Porque esse é o seu desejo". Ele falou: "Eu me sinto ótimo. Quero dizer, havia anos que não saía com ninguém, e agora saio com três por semana. Elas estão brigando por mim". "Bom para você", comentei. Ele então me disse. "Eu realmente quero algo estável. Agora quero casamento, quero me apaixonar". Eu disse: "Bem, então pinte isso". Ele pintou um belo relacionamento romântico e um ano depois se casou, e é muito feliz.

Isso porque ele manifestou outro desejo. Ele desejou isso para si durante anos sem que acontecesse porque seu desejo não podia se manifestar. O seu nível externo — sua casa — contradizia seu desejo o tempo todo. Portanto, quando você assimila esse conhecimento, começa a lidar bem com ele.

A história de Marie Diamond e seu cliente é uma demonstração perfeita de como o Feng Shui reflete os ensinamentos do Segredo. Ela ilustra como nossos pensamentos têm uma força criativa poderosa quando os colocamos em ação. Toda ação deve ser precedida de um pensamento. Os pensamentos criam as palavras que falamos, nossos sentimentos e ações. As ações são particularmente poderosas, porque são pensamentos que nos *levaram* a agir.

Podemos até desconhecer quais são nossos pensamentos mais recônditos, mas reconhecemos aquilo em que estivemos pensando quando observamos os nossos atos. Na história do produtor de cinema, seus pensamentos mais recônditos eram refletidos em suas ações e no que o cercava. Ele tinha pintado muitas mulheres, todas se afastando dele. Consegue ver quais eram seus pensamentos recônditos? Embora suas palavras afirmassem a vontade de sair com mais mulheres, seus pensamentos recônditos não refletiam isso em suas pinturas. Mudar deliberadamente suas ações fez com que ele concentrasse todo o seu pensamento no que queria. Com essa mudança simples, ele pôde pintar sua vida e, pela lei da atração, fazê-la existir.

Quando você quiser atrair algo para a sua vida, tenha a certeza de que suas ações não contradizem seus desejos. Um dos exemplos mais maravilhosos disso é dado por Mike Dooley, um dos professores apresentados em *The Secret — O Segredo*, em seu curso Influenciando o Universo e Usando a Magia. É a história de uma mulher que queria atrair para sua vida o parceiro perfeito. Ela tinha feito todas as coisas certas: tinha clareza de como queria que ele fosse, fizera uma lista detalhada de suas qualidades e o visualizara em sua vida. Apesar de tudo isso, não havia sinal dele.

Então, certo dia, ela chegou em casa e estava estacionando o carro no meio da garagem, quando se deu conta de que suas ações estavam contradizendo o que queria. Se o seu carro estava no meio da garagem, não havia espaço para o carro de seu parceiro perfeito! Suas ações estavam dizendo poderosamente ao Universo que ela não acreditava que iria receber aquilo que tinha pedido. Ela então imediatamente arrumou sua garagem e estacionou o carro em um dos lados, deixando espaço para o carro de seu parceiro perfeito. Foi para o quarto e abriu seu armário, que estava entupido de roupas. Não havia espaço para as roupas de seu parceiro perfeito. Então retirou algumas das suas roupas para abrir espaço. Ela também estava dormindo no meio da cama, e passou a dormir do "seu" lado, deixando espaço para o parceiro.

Essa mulher contou sua história a Mike Dooley em um jantar, e ao lado dela à mesa estava o seu parceiro perfeito. Após tomar todas essas providências poderosas e passar a agir como se já tivesse recebido seu parceiro perfeito, ele chegou à vida dela, e hoje eles formam um casal feliz.

Outro exemplo simples de "agir como se" é o caso da minha irmã Glenda, que foi gerente de produção do filme *The Secret — O Segredo*. Ela morava e trabalhava na Austrália, e queria se mudar para os Estados Unidos e trabalhar comigo em nosso escritório americano. Glenda conhecia o Segredo muito bem, portanto estava fazendo todas as coisas certas para conseguir o que queria, mas os meses se passavam, e ela ainda estava na Austrália.

Glenda estudou suas ações e se deu conta de que não estava "agindo como se" tivesse recebido o que havia pedido. Então passou a tomar atitudes poderosas. Ela organizou toda a sua vida para a viagem. Cancelou matrículas, deu as coisas de que não iria precisar e arrumou as malas. Em quatro semanas Glenda estava trabalhando em nosso escritório americano.

Pense naquilo que você pediu e tenha a certeza de que suas ações estão refletindo o que espera receber e que elas não estão contradizendo aquilo que você pediu. Aja como se estivesse recebendo. Faça exatamente o que faria caso estivesse recebendo hoje, e aja em sua vida de modo a refletir essa poderosa expectativa. Abra espaço para receber seus desejos e assim estará enviando esse poderoso sinal de expectativa.

Sua missão é você

LISA NICHOLS

Nos relacionamentos, antes de mais nada é preciso compreender quem entrará no relacionamento, e não apenas seu parceiro. Você precisa antes de tudo compreender a si mesmo.

JAMES RAY

Como esperar que alguém desfrute de sua companhia se você mesmo não desfruta da sua companhia? Mais uma vez, a lei da atração ou O Segredo está prestes a colocar isso na sua vida. Você realmente precisa ser muito claro. Esta é a questão sobre a qual eu peço que você pense: você realmente trata a si mesmo da forma como quer que os outros tratem você?

Quando você não trata a si mesmo da forma como deseja ser tratado pelos outros, não tem como mudar as coisas. Suas ações são seus pensamentos poderosos, de modo que, se você não se trata com amor e respeito, emite um sinal dizendo que não é suficientemente importante, suficientemente valioso ou merecedor. Esse sinal continuará a ser transmitido, e você experimentará novas situações de pessoas o tratando mal. As pessoas são apenas o efeito. Seus pensamentos, a causa. Você precisa começar a se tratar com amor e respeito, transmitir esse sinal e sintonizar na freqüência. Então a lei da atração moverá todo o Universo, e sua vida se encherá de pessoas que o amam e respeitam.

Muitas pessoas se sacrificaram por outras, imaginando que assim estão sendo boas. Errado! O sacrifício só pode ser fruto da carência absoluta, pois ele significa: "Não há o bastante para todos, portanto, eu ficarei sem". Esse sentimento não é bom, e acabará levando ao ressentimento. Há abundância para todos, e é responsabilidade de cada um invocar seus próprios desejos. Você não pode fazer isso por ninguém, porque não pode pensar e sentir por outra pessoa. Sua missão é Você. Quando você dá prioridade a se sentir bem, essa freqüência magnífica será transmitida e tocará todos à sua volta.

DR. JOHN GRAY

Você é a solução para você. Não aponte para outra pessoa, dizendo: "Agora você me deve e precisa me dar mais". Em vez disso, dê mais a si mesmo. Reserve um tempo para dar a si mesmo, e sinta chegar à plenitude, ao ponto em que pode transbordar em entrega.

> "Para conseguir amor (...) encha-se dele até se tornar um ímã"
>
> Charles Haanel

Muitos de nós foram ensinados a nos colocarmos em último lugar, e conseqüentemente atraímos sentimentos de falta de importância e de merecimento. Com esses sentimentos instalados dentro de nós, continuamos a atrair situações de vida que fazem com que nos sintamos ainda menos importantes e suficientes. Você precisa mudar essa idéia.

> "Para alguns, sem dúvida, a idéia de dar tanto amor a si mesmo parecerá muito fria, dura e nada misericordiosa. Mas isso pode ser visto sob uma ótica diferente quando descobrimos que 'procurar o Número Um' conforme o comandado pelo Infinito é, na verdade, procurar pelo Número Dois, sendo, na verdade, a única forma de beneficiar permanentemente o Número Dois."
>
> Prentice Mulford

Sem que você se torne pleno, não terá nada a dar a alguém. Portanto, é imperativo que você primeiramente cuide de Si. Primeiramente, garanta sua satisfação. As pessoas são responsáveis por sua própria satisfação. Quando você atende à sua satisfação e faz aquilo que o deixa satisfeito, você é um prazer para quem está por perto e se torna um brilhante exemplo para todas as crianças e todas as pessoas em sua vida. Quando se tem prazer não é preciso sequer pensar em dar. É um fluxo natural.

Lisa Nichols

Eu entrei em muitos relacionamentos esperando que o parceiro me mostrasse minha beleza, pois não via minha própria beleza. Meus heróis, ou minhas heroínas, eram a Mulher Biônica, a Mulher Maravilha e As Panteras. E embora fossem maravilhosas, elas não se pareciam comigo. Só depois de me apaixonar por Lisa — eu me apaixonei por minha pele morena, meus lábios grossos, meus quadris largos, meu cabelo preto encaracolado — só depois disso acontecer o resto do mundo também pôde se apaixonar por mim.

Você precisa Se amar porque é impossível se sentir bem se não Se ama. Quando se sente mal consigo, você bloqueia todo o amor e todo o bem que o Universo reserva para você.

Quando você se sente mal consigo, é como se estivesse sugando a vida de dentro de você, porque tudo o que você tem de bom, em todas as áreas — incluindo saúde, riqueza e amor — está sintonizado na freqüência do prazer e das boas sensações. A sensação de ter energia ilimitada, e a sensação impressionante de saúde e bem-estar está na freqüência das boas sensações. Quando você não se sente bem Consigo, está sintonizado em uma freqüência que atrai mais pessoas, situações e circunstâncias que continuarão a fazer com que você se sinta mal com Você mesmo.

Você precisa mudar seu foco e começar a pensar em todas as coisas que são maravilhosas em Você. Veja os pontos positivos em Você. Quando se concentra nessas coisas, a lei da atração mostra mais coisas ótimas sobre Você. Você atrai aquilo em que pensa.

Para começar basta uma reflexão prolongada sobre algo bom em Você, e a lei da atração responderá dando a Você mais pensamentos assim. Procure as coisas boas em Você. Procure, e encontrará!

Bob Proctor

Há algo maravilhoso em você. Eu tenho me estudado há 44 anos. E algumas vezes gostaria de me beijar! Porque você irá se apaixonar por você. Eu não estou falando sobre vaidade. Estou falando sobre um respeito saudável por si mesmo. E quando você se ama, automaticamente ama os outros.

Marci Shimoff

Nos relacionamentos, costumamos nos queixar das outras pessoas. Por exemplo: "Meus colegas são preguiçosos, meu marido me deixa louca, meus filhos são difíceis". Nós sempre nos concentramos no outro. Mas para que os relacionamentos funcionem, precisamos nos concentrar naquilo que apreciamos no outro, não naquilo do que estamos nos queixando. Quando nos queixamos disso, só conseguimos mais dessas coisas.

Mesmo se você estiver passando por um momento difícil em um relacionamento — as coisas não estão indo bem, vocês não se entendendo, está sendo muito desagradável — você ainda pode salvar esse relacionamento. Pegue um papel e durante os próximos trinta dias escreva tudo o que você aprecia naquela pessoa. Pense nos motivos pelos quais a ama. Você gosta de seu senso de humor, gosta de como ela lhe dá força. E irá descobrir que, quando se concentra naquilo que gosta e reconhece a força do outro, consegue mais do mesmo, e os problemas desaparecem.

Lisa Nichols

Freqüentemente você dá aos outros a oportunidade de criar a sua felicidade, e muitas vezes eles não conseguem fazê-lo da forma como você gostaria. Por quê? Porque a única pessoa que pode ser encarregada de seu prazer, sua satisfação, é você. Assim, nem mesmo seu pai, seu filho, seu marido ou sua esposa têm o poder de criar sua felicidade. Eles simplesmente têm a oportunidade de partilhar de sua alegria. Seu prazer está dentro de você.

Toda nossa satisfação está na freqüência do amor — a mais alta e mais poderosa de todas as freqüências. Você não pode segurar o amor nas mãos. Você só pode *senti-lo* no seu coração. É um estado de ser. Você pode ver provas do amor expressas pelas pessoas, mas o amor é um sentimento, e você é o único que pode irradiar e emitir esse sentimento. Sua capacidade de gerar sentimentos de amor é ilimitada, e quando você ama, está em completa e plena harmonia com o Universo. Ame tudo o que puder. Ame todos que puder. Concentre-se exclusivamente nas coisas que ama, sinta amor e irá experimentar esse amor e essa satisfação voltando para você, multiplicados! A lei da atração irá devolver para você mais coisas para amar. Quando irradia amor, é como se todo o Universo estivesse fazendo tudo por você, movendo todas as coisas prazerosas na sua direção, e movendo todas as pessoas boas na sua direção. Na verdade é isso mesmo que acontece.

Resumos do Segredo

- *Quando quiser atrair um relacionamento, tenha a certeza de que seus pensamentos, palavras, ações e ambientes não contradigam seus desejos.*

- *Sua missão é você. Sem que primeiro alcance a plenitude, você não terá nada para dar a ninguém.*

- *Trate a si mesmo com amor e respeito, e irá atrair pessoas que demonstram amor e respeito.*

- *Quando se sente mal consigo mesmo, você bloqueia o amor e atrai mais pessoas e situações que continuarão fazendo com que se sinta mal consigo mesmo.*

- *Concentre-se nas qualidades que adora em si e a lei da atração irá mostrar mais coisas grandiosas sobre você.*

- *Para fazer um relacionamento dar certo, concentre-se naquilo que aprecia no outro, e não em suas queixas. Quando você se concentra nos pontos fortes, consegue mais do mesmo.*

O Segredo para a Saúde

Dr. John Hagelin

Físico quântico e especialista em políticas públicas

Nosso corpo, na verdade, é produto de nossos pensamentos. Estamos começando a compreender na ciência médica o grau em que a natureza dos pensamentos e emoções realmente determina a substância física, a estrutura e a função de nossos corpos.

Dr. John Demartini

Nós conhecemos o efeito placebo na cura. Um placebo é algo que supostamente não tem impacto ou efeito no corpo, como um comprimido de açúcar.

Você diz ao paciente que ele é eficaz, e o que acontece é que em alguns casos o placebo tem o mesmo efeito, quando não efeito maior, que o medicamento supostamente concebido para produzir esse efeito. Eles descobriram que a mente humana é o principal fator nas artes da cura, algumas vezes mais importante que o medicamento.

Tomando consciência da magnitude do Segredo, você começará a ver mais claramente a verdade por trás de certos acontecimentos na humanidade, até mesmo na área da saúde. O efeito placebo é um fenômeno poderoso. Quando os pacientes *pensam* e verdadeiramente *acreditam* que o comprimido cura, eles *recebem* aquilo em que *acreditam* e são curados.

DR. JOHN DEMARTINI

Se alguém está doente, em vez de recorrer à medicina tem a alternativa de tentar descobrir o que em sua mente está criando a doença, mas no caso de um quadro agudo que pode levar a morte, obviamente a medicina é a opção mais sábia uma vez que ela também investiga a mente. Você não pretende negar a medicina. Toda forma de cura tem seu espaço.

A cura pela mente pode funcionar em harmonia com a medicina. Quando há dor, a medicina pode ajudar a acabar com ela, o que permite que a pessoa se concentre com grande força na saúde. "Pensar na saúde perfeita" é algo que qualquer um pode fazer individualmente, não importa o que esteja acontecendo ao redor.

LISA NICHOLS

O Universo é uma obra-prima de abundância. Quando você se abre para sentir a abundância do Universo, experimenta maravilha, contentamento, prazer e todas as grandes coisas que o Universo tem para você — saúde, prosperidade, harmonia. Mas quando você se fecha com pensamentos negativos, sente desconforto, sente as dores, sente o sofrimento, e sente como se cada dia fosse algo doloroso.

DR. BEN JOHNSON

MÉDICO, ESCRITOR E LÍDER EM ENERGIA CURATIVA

Temos mil diferentes diagnósticos e doenças por aí. Todas elas não passam de elos. Tudo é resultado de uma coisa: estresse. Se você colocar pressão demais na corrente, se puser pressão demais no sistema, um dos elos se rompe.

Todo estresse começa com um pensamento negativo. Um pensamento que não é verificado, então outros surgem cada vez mais, até que o estresse se manifesta. O efeito é estresse, mas a causa é o pensamento negativo, e tudo começa com um pequeno pensamento negativo. Não importa o que você pode ter gerado, você pode mudar isso... Com um pequeno pensamento positivo, e depois outro.

DR. JOHN DEMARTINI

Nossa psicologia cria a doença para nos sinalizar que temos uma perspectiva desequilibrada, ou que não estamos sendo amorosos e gratos. Assim, os sinais e os sintomas do corpo não são algo terrível.

O dr. Demartini afirma que o amor e a gratidão irão dissolver a negatividade em nossas vidas, não importa que forma tenham assumido. O amor e a gratidão podem abrir mares, mover montanhas e produzir milagres. E o amor e a gratidão podem dissolver qualquer doença.

MICHAEL BERNARD BECKWITH

A pergunta que costuma ser feita é: "Quando uma pessoa desenvolve uma doença no templo do corpo ou alguma espécie de desconforto em sua vida, isso pode ser revertido pelo poder do pensamento 'certo'?". E a resposta é: definitivamente, sim.

O riso é o melhor remédio

CATHY GOODMAN, UMA HISTÓRIA PESSOAL

Eu recebi o diagnóstico de câncer de mama. E realmente acreditava de todo coração, com fé absoluta, que já estava curada. Todos os dias eu dizia: "Obrigado pela minha cura". Sempre, "Obrigado por minha cura". Eu acreditava de todo coração que estava curada. E me via como se o câncer nunca estivesse estado em meu corpo.

Uma das coisas que fazia para me curar era ver comédias. Tudo o que fazíamos era rir sem parar. Nós não podíamos colocar mais estresse na minha vida, pois sabíamos que o estresse é uma das piores coisas que você pode ter quando está tentando se curar.

Do momento em que recebi o diagnóstico até o momento em que fui curada, passaram-se aproximadamente três meses. E isso sem qualquer radioterapia ou quimioterapia.

Essa história bonita e inspiradora de Cathy Godman demonstra três grandiosos poderes em ação: o poder da gratidão para curar, o poder da fé para receber e o poder do riso e do prazer para dissolver a doença em nossos corpos.

Cathy teve a idéia de incluir o riso como parte de sua cura após ouvir a história de Norman Cousins.

Norman recebeu o diagnóstico de uma doença "incurável". Os médicos disseram que ele tinha poucos meses de vida. Norman decidiu se curar. Durante três meses tudo o que ele fez foi assistir a comédias e rir sem parar. A doença deixou seu corpo naqueles três meses, e os médicos disseram que sua recuperação era um milagre.

Rindo, Norman eliminou toda a negatividade, e eliminou a doença. O riso realmente *é* o melhor remédio.

DR. BEN JOHNSON

Todos nós nascemos com um programa básico instalado. Ele é chamado de "autocura". Você tem um ferimento, ele desaparece sozinho; você pega uma infecção bacteriana, o sistema imunológico assume, cuida daquela bactéria e a elimina. O sistema imunológico é feito para curar a si mesmo.

Bob Proctor

A doença não sobrevive num corpo que está em um estado emocional saudável. Seu corpo elimina milhões de células por segundo, e também cria milhões de novas células ao mesmo tempo.

Dr. John Hagelin

Na verdade, partes de nosso corpo são literalmente substituídas todos os dias. Outras partes demoram alguns meses, outras, dois anos. Mas em alguns anos nós teremos um novo corpo físico.

Se, como a ciência provou, todo o nosso corpo é substituído em um período de alguns anos, como a degeneração ou a doença pode permanecer em nossos corpos anos a fio? Elas só podem ser mantidas lá pelo pensamento, pela observação da doença e pela atenção dada à doença.

Pense em perfeição

Pense em perfeição. A doença não pode existir em um corpo com pensamentos harmoniosos. Saiba que o que existe é apenas perfeição e, ao observar a perfeição, invoque-a para você. Pensamentos imperfeitos são a causa de todos os males da humanidade, incluindo doença, pobreza e infelicidade. Quando temos pensamentos negativos, eliminamos nossa herança de direito. Declare e queira: "Eu tenho pensamentos perfeitos. Eu só vejo a perfeição. Eu sou a perfeição".

Eu eliminei qualquer vestígio de rigidez e falta de agilidade de meu corpo. Eu me concentrei em ver meu corpo como sendo tão flexível e perfeito quanto o de uma criança, e toda rigidez e dores nas juntas desapareceram. Fiz isso literalmente da noite para o dia.

Você sabe que as crenças sobre envelhecimento estão apenas em nossas mentes. A ciência explica que temos um corpo inteiramente novo em pouco tempo. Envelhecimento é pensamento limitado, portanto, elimine esses pensamentos de sua consciência e saiba que seu corpo tem apenas alguns meses de idade, não importa quantos aniversários você marcou em sua mente. No seu próximo aniversário, faça um favor a si mesmo e festeje como se fosse o primeiro! Não cubra seu bolo com 60 velas, a não ser que queira invocar a velhice. Infelizmente, a sociedade ocidental é obcecada com a idade, que na verdade, não existe.

Você pode *pensar* seu caminho para o estado de saúde perfeito, o corpo perfeito, o peso perfeito, a eterna juventude. Você pode fazer com que isso seja real se pensar consistentemente na perfeição.

Bob Proctor

Se você tiver uma doença, se concentrar nela e falar com as pessoas sobre ela, estará criando mais células doentes. Imagine-se vivendo em um corpo perfeitamente saudável. Deixe que o médico procure a doença.

Uma das coisas que as pessoas costumam fazer quando doentes é falar sobre a doença o tempo todo. É porque estão pensando nela o tempo todo, portanto, estão apenas verbalizando seus pensamentos. Se não estiver se sentindo muito bem, não fale sobre isso — a não ser que queira se sentir pior. Saiba que seu pensamento foi o responsável pelo que está acontecendo e repita com freqüência: "Eu me sinto ótimo. Estou bem demais", e realmente sinta isso. Se não estiver muito bem, e alguém perguntar o que está sentindo, apenas seja grato à pessoa por lembrá-lo de pensar em se sentir bem. Fale apenas palavras positivas.

Você não pode "pegar" nenhuma doença a não ser que pense que pode, e pensar que pode é fazer um convite com seu pensamento. Você também estará convidando a doença se ficar escutando as pessoas falarem sobre suas doenças. Quando você as escuta, dedica todos os seus pensamentos e toda a sua concentração à doença, e quando dedica todos os seus pensamentos a algo, está pedindo isso. E certamente não os está ajudando. Está acrescentando energia à doença delas. Se quiser realmente ajudar a pessoa, mude o rumo da conversa para coisas boas se puder, ou cuide da sua vida. Ao partir, dedique seus pensamentos e sentimentos poderosos vendo aquela pessoa bem, e deixe a vida seguir.

Lisa Nichols

Digamos que haja duas pessoas, ambas sofrendo de algo, mas uma delas escolhe se concentrar na satisfação. Uma escolhe viver de possibilidade e esperança, se concentrando em todas as razões pelas quais ser feliz e grata. E há a segunda pessoa. O diagnóstico é o mesmo, mas a segunda escolhe se concentrar na doença, na dor, no "como sou infeliz".

Bob Doyle

Quando as pessoas estão inteiramente concentradas no que há de errado e em seus sintomas, elas perpetuam o quadro.

A cura não ocorrerá até elas voltarem sua atenção de estarem doentes para estarem bem. Porque essa é a lei da atração.

> "Vamos nos lembrar, o quanto pudermos, de que cada pensamento desagradável é uma coisa ruim literalmente colocada no corpo."
>
> Prentice Mulford

Dr. John Hagelin

Pensamentos felizes levam fundamentalmente a uma bioquímica feliz. A um corpo mais feliz, mais saudável. Foi comprovado que pensamentos negativos e estresse degradam seriamente o corpo e o funcionamento do cérebro, porque são nossos pensamentos e nossas emoções que continuamente remontam, reorganizam e recriam nosso corpo.

Não importa o que você tenha manifestado no que diz respeito a seu corpo, você pode mudar isso — por dentro e por fora. Comece a ter pensamentos felizes e comece a *ser* feliz. Felicidade é um estado de ser de *sentimento*. Você está com o dedo sobre o botão de "sentir felicidade". Aperte-o agora e mantenha o dedo pressionado firmemente, não importa o que esteja acontecendo a seu redor.

Dr. Ben Johnson

Elimine o estresse psicológico do corpo, e o corpo faz o que foi projetado para fazer. Ele cura a si mesmo.

Você não precisa lutar para se livrar de uma doença. O simples processo de eliminar os pensamentos negativos permitirá que surja em você seu estado natural de saúde. E seu corpo irá se curar sozinho.

MICHAEL BERNARD BECKWITH

Eu vi rins regenerados. Eu vi cânceres dissolvidos. Eu vi a visão melhorar e retornar.

Eu usava óculos de leitura há uns três anos quando descobri O Segredo. Certa noite, quando estava acompanhando o conhecimento do Segredo ao longo dos séculos, me flagrei procurando os óculos para ver o que estava lendo. E parei no meio do caminho. A consciência do que eu tinha feito me atingiu como um raio.

Eu havia introjetado a mensagem da sociedade de que a visão diminui com a idade. E vi pessoas esticarem os braços para conseguir ler algo. Eu tinha dedicado meus pensamentos à redução da visão com a idade, e tinha invocado isso para mim. Não tinha feito isso deliberadamente, mas *eu* tinha feito. Sabia que o que tinha feito existir com pensamentos eu podia mudar, então imediatamente me imaginei vendo tão claramente quanto na época em que tinha 21 anos de idade. Eu me vi em restaurantes escuros, em aviões e ao computador, lendo claramente e sem esforço. E repeti: "Eu posso ver claramente, eu posso ver claramente". Eu tive a sensação de gratidão e excitação por ter uma visão clara. Em três dias minha visão tinha retornado, e eu já não uso óculos de leitura. *Eu posso ver claramente.*

Quando contei ao dr. Ben Johnson, um dos professores de *The Secret — O Segredo*, o que tinha feito, ele me disse: "Você sabe o que foi preciso acontecer com seus olhos para você fazer isso em três dias?" Eu respondi: "Não, e, graças a Deus, eu não sabia, porque não fiquei com essa idéia me enchendo a cabeça! Só entendi que podia fazê-lo, e rapidinho!" (Às vezes, quanto menos informação, melhor!).

O dr. Johnson eliminou do próprio corpo uma doença "incurável", logo, a restauração de minha visão me pareceu quase insignificante, se comparada à miraculosa história dele. De fato, eu esperava que minha visão se recuperasse da noite para o dia; portanto, em minha opinião, três dias não foram um milagre. Lembre-se: no Universo não existem o tempo e o tamanho. É tão fácil curar uma espinha quanto uma doença. O processo é idêntico; a diferença está em nossas mentes. Portanto, se você atraiu alguma doença, reduza-a, em sua mente, ao tamanho de uma espinha, abandone todos os pensamentos negativos e depois se concentre na perfeição da saúde.

Nada é incurável

DR. JOHN DEMARTINI

Sempre digo que incurável quer dizer "curável a partir do interior".

Acredito e sei que nada é incurável. Em algum ponto do tempo, cada doença chamada incurável foi curada. Em minha cabeça e no mundo que eu crio, "incurável" não existe. Nesse mundo há muito espaço para você, portanto, venha se reunir a mim e a todos que estão aqui. É o mundo onde "milagres" são ocorrências rotineiras. É um mundo transbordante de total abundância, no qual *todas* as coisas boas existem agora, dentro de você. Parece o céu, não é? E é.

Michael Bernard Beckwith

Você pode mudar sua vida e se curar.

Morris Goodman

ESCRITOR E CONFERENCISTA INTERNACIONAL

Minha história começa em 10 de março de 1981. Esse dia, que jamais esquecerei, realmente mudou minha vida toda. O avião que eu pilotava caiu, e fui parar no hospital, completamente paralisado. Minha medula óssea tinha sido esmagada, fraturei a primeira e a segunda vértebras cervicais, meu reflexo de deglutição desapareceu, e eu não conseguia comer nem beber, meu diafragma estava destruído, eu não conseguia comer nem beber, meu diafragma estava destruído, eu não conseguia respirar. Só conseguia piscar. Os médicos, naturalmente, disseram que eu seria um vegetal pelo resto da vida. O máximo que conseguiria seria piscar. Essa era a imagem que eles tinham de mim, mas o que eles pensavam não importava. O importante era o que eu pensava. Vi-me voltando a ser uma pessoa normal, que saía do hospital andando.

O único elemento de que dispunha para trabalhar no hospital era minha mente, e desde que você tenha sua mente, pode restaurar as coisas.

Fiquei atrelado a um respirador e disseram que eu jamais voltaria a respirar sozinho, com o diafragma destruído. Mas uma vozinha ficava me dizendo "Respire fundo, respire fundo". E finalmente me retiraram do respirador. Não conseguiram encontrar explicação. Eu não podia permitir que coisa alguma me entrasse na mente e me distraísse de meu objetivo ou minha visão.

Eu tinha estabelecido por meta sair andando do hospital no Natal. E foi o que fiz. Saí andando do hospital com minhas próprias pernas. Disseram que era impossível fazê-lo. Eis um dia que jamais esquecerei.

Para quem neste momento estiver sentado em algum lugar sentindo dor, se eu puder resumir minha vida e resumir para alguém o que ele pode fazer na vida, eu o descreveria em poucas palavras: "o homem se torna aquilo em que ele pensa".

Morris Goodman é conhecido como o Homem-Milagre. Sua história foi escolhida para *The Secret — O segredo* porque demonstra o poder imensurável e o potencial ilimitado da mente humana. Morris conhecia o poder dentro de si para realizar aquilo em que escolheu pensar. Tudo é possível. A história de Morris Goodman vem inspirando milhares de pessoas a pensar, imaginar e sentir o caminho de volta à saúde. Ele transformou o maior desafio de sua vida na maior dádiva.

Desde que foi lançado o filme *The Secret — O segredo*, fomos inundados de histórias miraculosas sobre doenças de todo tipo se dissolvendo do corpo das pessoas depois de terem assistido ao filme. Tudo é possível quando se acredita.

Na questão da saúde, eu gostaria de deixar para você essas palavras esclarecedoras do dr. Ben Johnson: "Agora estamos entrando na era da medicina energética. No Universo tudo tem uma freqüência e você só precisa mudá-la ou criar uma freqüência oposta. É muito fácil mudar tudo no mundo, sejam doenças, ou questões emocionais, ou quaisquer outras. Isso é sensacional. É a coisa mais importante que já nos aconteceu."

Resumos do Segredo

- *O efeito placebo é um exemplo da lei da atração em ação. Quando um paciente acredita de fato que o comprimido é uma cura, recebe aquilo em que acredita e acaba curado.*

- *A concentração na saúde perfeita é algo que podemos fazer dentro de nós, a despeito do que possa estar acontecendo no exterior.*

- *O riso atrai a alegria, elimina a negatividade e leva a curas milagrosas.*

- *A doença é retida no corpo pelo pensamento, pela observação da doença e pela atenção dada a ela. Se você está se sentindo indisposto, não fale nisso — exceto se quiser intensificar o mal-estar. Se ouvir as pessoas falarem sobre suas doenças, irá acrescentar energia a estas. Em vez disso, mude a conversa para coisas boas, e dedique pensamentos poderosos à visão daquelas mesmas pessoas com saúde.*

- *As crenças sobre envelhecimento estão todas em nossa mente, portanto, afaste estes pensamentos de sua consciência. Concentre-se na saúde e na eterna juventude.*

- *Não dê ouvidos às mensagens da sociedade sobre doenças e envelhecimento. As mensagens negativas não servem para você.*

CIVIC

O Segredo para o Mundo

Lisa Nichols

A tendência das pessoas é olhar os objetos desejados e dizer: "Sim, eu gosto disso, eu quero isso". Entretanto, também olham o que não querem e a isso dedicam a mesma dose de energia, quando não mais, na convicção de poder afastá-lo, eliminá-lo, obliterá-lo. Em nossa sociedade tentamos lutar contra coisas. Lutar contra o câncer, a pobreza, a guerra, as drogas, o terrorismo, a violência. Costumamos lutar contra tudo o que não queremos, o que na prática acaba criando mais uma luta.

Hale Dwoskin

Professor e autor do *Método Sedona*

Criamos tudo o que focalizamos. Logo, se ficarmos furiosos com, por exemplo, uma guerra em curso ou com a adversidade ou o sofrimento, acrescentaremos nossa energia ao processo. Estamos nos intrometendo, e isso só cria resistência.

"Aquilo a que você resiste, persiste."

Carl Jung (1875–1961)

BOB DOYLE

A razão de persistir aquilo a que você resiste é que ao resistir a uma coisa você está dizendo, "Não, eu não quero isso, porque me faz sentir da forma como me sinto agora." Logo, está investindo ali um sentimento realmente forte de "Eu não gosto nada dessa sensação". Então é este sentimento que vem correndo em sua direção.

Oferecer resistência a alguma coisa é como tentar mudar as imagens externas depois de que foram transmitidas. É um esforço em vão. Para criar as novas imagens é preciso ir lá dentro e emitir um novo sinal com seus pensamentos e sentimentos.

Quando você resiste ao que apareceu, está acrescentando mais energia e poder a essas imagens que lhe desagradam e trazendo mais imagens semelhantes, num ritmo acelerado. Determinado fato ou situação só vai se ampliar, pois tal é a lei do Universo.

JACK CANFIELD

O movimento contra a guerra cria mais guerra. O movimento antidrogas na verdade criou mais drogas, porque nos concentrarmos no que não queremos — as drogas!

Lisa Nichols

É crença geral que, se quisermos realmente eliminar algo, basta nos concentrar nele. Para nós, que sentido teria desperdiçar toda a energia em um problema específico, em vez de nos concentrar mais na confiança, no amor, na vida em abundância, na educação ou na paz?

Jack Canfield

Madre Teresa era brilhante. Ela disse: "Jamais comparecerei a um comício contra a guerra. Se você tiver um comício pela paz, pode me convidar". Ela sabia. Ela entendia O Segredo. Vejam o que ela disse ao mundo.

Hale Dwoskin

Logo, se você é contra a guerra, em vez disso seja pró-paz. Se você é antifome, seja pró-fartura. Se é contra determinado político, seja partidário de seu adversário. Freqüentemente as eleições se decidem em favor do candidato que desagrada a muita gente, porque ele está recebendo toda a energia e toda a concentração.

Tudo neste mundo começa de um pensamento. As coisas grandes ficam maiores porque vão recebendo todos os pensamentos de um número cada vez maior de pessoas. Então esses pensamentos e emoções mantêm aquele acontecimento preciso em nossa existência, e o amplificam. Se, em vez disso, desviássemos deles nossos pensamentos, concentrando-nos no amor, ele poderia não existir. E iria se evaporar e desaparecer.

"Lembre-se, e esta é uma das afirmativas mais difíceis e mais maravilhosas de entender, lembre-se de que não importa a dificuldade, não importa o local ou a quem afete, você não tem outro instrumento para agir no mundo senão você mesmo; não tem nada a fazer senão se convencer da verdade que quer ver manifestada."

Charles Haanel

Jack Canfield

Tudo bem reparar no que você não quer, pois isso lhe oferece um contraponto para dizer: "Isto é o que eu não quero". Mas o fato é que, quanto mais você diz o que não quer e comenta o quanto aquilo é ruim, lê a respeito daquilo o tempo todo e depois critica ainda mais — bem, você está criando mais daquela mesma coisa.

Você não pode ajudar o mundo pela concentração nas coisas negativas. Quando você se concentra na negatividade do mundo, além de reforçá-la, você ainda traz, ao mesmo tempo, mais negatividade para a sua própria vida.

Quando surgirem imagens que lhe desagradem, aproveite a deixa para mudar seu pensamento e emitir um novo sinal. Se for uma situação mundial, você não estará impotente, pois detém todo o poder. Visualize todos felizes. Concentre-se na abundância de alimento. Dedique seus pensamentos poderosos àquilo que é desejado. Você tem a capacidade de fazer tudo isso pelo mundo ao emitir sentimento de amor e bem-estar, apesar do que acontece a seu redor.

JAMES RAY

São muitas as ocasiões em que me dizem: "Ora, James, eu preciso me manter informado". Talvez você precise estar informado, mas não precisa estar inundado.

Quando descobri O Segredo, tomei a decisão de nunca mais assistir ao noticiário nem ler os jornais, porque não me traziam bem-estar. As agências e os jornais não devem ser responsabilizados pela divulgação de más notícias. Nós, na condição de comunidade global, somos os responsáveis por isso. Quando há manchetes dramáticas, compramos mais jornais. Um desastre nacional ou internacional faz disparar a audiência dos canais de notícias. Então os jornais e as agências nos dão más notícias porque, enquanto sociedade, é isso que demonstramos querer. A mídia é o efeito, e nós, a causa. É apenas a lei da atração entrando em ação!

As agências de notícias e os jornais vão mudar o que nos fornecem quando emitirmos um novo sinal e nos concentrarmos no que desejamos.

MICHAEL BERNARD BECKWITH

Aprenda a ficar sereno e a desviar sua atenção daquilo que não deseja e de toda a carga emocional que cerca estas coisas, desloque a atenção para o que você deseja vivenciar... A energia flui para onde a atenção se dirige.

> "Pense verdadeiramente, e vossos pensamentos irão saciar a fome do mundo."
>
> Horatio Bonar (1808–1889)

Você está começando a enxergar o poder fenomenal que detém neste mundo, graças à sua mera existência? Quando se concentra nas coisas boas, você se sente bem e traz ao mundo mais coisas boas. Ao mesmo tempo, introduz em sua própria vida mais coisas boas. Quando se sente bem, você eleva sua vida e o mundo!

A lei é perfeição em operação.

Dr. John Demartini

Eu sempre digo que quando a voz e a visão no interior se tornarem mais profundas, nítidas e audíveis do que as opiniões externas, você terá dominado sua vida!

Lisa Nichols

Não é tarefa sua mudar o mundo nem as pessoas a seu redor. Sua tarefa é se deixar levar pelo fluxo interior do Universo e celebrá-lo dentro do mundo que existe.

Você domina sua vida, e o Universo está respondendo a cada comando seu. Não se deixe hipnotizar pelas imagens que surjam se não forem as que você deseja. Tome conhecimento delas, procure atenuá-las se puder e deixe-as partirem. Depois disso, tenha novos pensamentos sobre o que deseja, sinta-os e seja grato por isso ter sido feito.

O Universo É Abundante

DR. JOE VITALE

Uma das perguntas que ouço o tempo todo é: se todo mundo usar O Segredo e todos tratarem o Universo como um catálogo de vendas, não haverá escassez? Não irão todos correr para o banco, que acabará falido?

MICHAEL BERNARD BECKWITH

A beleza do ensinamento do Segredo é que há fartura bastante para todos.

Dentro da mente da humanidade há uma mentira que atua como um vírus. E essa mentira é — "não há recursos suficientes para todos. Há escassez, limitação e insuficiência". E a mentira faz as pessoas viverem em medo, ganância, usura. E os pensamentos de medo, ganância, usura e escassez se transformam na vivência delas. Portanto, o mundo tomou uma pílula de pesadelo.

A verdade é que há recursos suficientes para todos. Há quantidades mais do que suficientes de idéias criativas. De poder. De amor. De alegria. Tudo isso começa a se manifestar por intermédio de uma mente que esteja consciente de sua própria natureza infinita.

Achar que não há o suficiente é ver as imagens externas e julgar que tudo vem de fora. Se você o fizer, decerto verá escassez e limitação. Você agora já sabe que nada começa a existir a partir do exterior, que tudo parte do ato inicial de pensá-lo e senti-lo no íntimo. Sua mente é o poder criativo de todas as coisas. Logo, como poderia haver escassez? Seria impossível. Sua capacidade de pensar é ilimitada. E o mesmo acontece com todos. Quando você tem esse conhecimento, pensa a partir de uma mente que tem consciência de sua própria natureza infinita.

JAMES RAY

Todos os grandes mestres que já pisaram esse planeta disseram a você que a vida deveria ser abundante.

> "A essência desta lei é que você deve pensar em abundância; ver abundância, sentir abundância, acreditar na abundância. Não deixe o pensamento de limitação penetrar sua mente."
>
> Robert Collier

JOHN ASSARAF

E assim, exatamente quando achamos que os recursos estão diminuindo, encontramos novos recursos que podem realizar as mesmas coisas.

A verdadeira história de uma equipe de prospecção de petróleo de Belize é exemplo inspirador do poder da mente humana para descobrir recursos. Os diretores da Belize Natural Energy Limited foram capacitados pelo eminente dr. Tony Quinn, especializado em treinamentos de Fisiologia Humanística. Graças a esse treinamento de poder da mente, eles estavam confiantes de que se tornaria realidade a visualização de Belize como um bem-sucedido país produtor de petróleo. Eles deram um corajoso passo adiante ao fazer prospecção de petróleo em Spanish Lookout, e no curto espaço de um ano tornou-se realidade o sonho e a visão que tiveram. A empresa descobriu abundante fluxo de petróleo da mais alta qualidade onde fracassara a pesquisa de cinqüenta outras empresas. Graças a um grupo extraordinário de pessoas que acreditaram no poder ilimitado de suas próprias mentes, Belize se tornou um país produtor de petróleo.

Nada é limitado — nem os recursos, nem qualquer outra coisa. Só é limitado na mente humana. Quando abrirmos nossas mentes ao ilimitado poder criativo, promoveremos abundância, e veremos e vivenciaremos um mundo totalmente novo.

DR. JOHN DEMARTINI

Embora digamos que há escassez, não abrimos nossa visão para perceber tudo que nos cerca.

DR. JOE VITALE

Você sabe que quando as pessoas começam a viver a partir do próprio coração e a buscar o que desejam não buscam as mesmas coisas. Esta é a beleza do processo. Nem todos nós queremos BMWs. Nem procuramos a mesma pessoa. Nem as mesmas experiências. Nem as mesmas roupas. Nem todos nós queremos... (preencha a lacuna).

Você está aqui neste planeta glorioso, munido deste poder maravilhoso, para criar sua vida! Não há limites para o que pode criar para si, porque sua capacidade de pensar é ilimitada! Mas não pode criar as vidas de outras pessoas. Não pode pensar por elas, e se tentar impor aos outros suas opiniões, só vai atrair a si forças idênticas. Portanto, deixe os outros criarem a vida que queiram.

MICHAEL BERNARD BECKWITH

Há o suficiente para todos. Se você acredita nisso, se você puder visualizar, se você agir, isso se manifestará para você. Essa é a verdade.

> "Se está carente, preso de pobreza ou doença, é porque não acredita ou não entendeu o poder que é seu. Não se trata de receber algo do Universo individualmente — ele oferece tudo a todos, sem qualquer parcialidade."
>
> Robert Collier

O Universo oferece de tudo a todos por meio da lei da atração. Você tem a capacidade de escolher aquilo que deseja vivenciar. Deseja que haja suficiente para você e para todos? Então escolha isso e saiba que, "Existe abundância de tudo", "Há suprimentos ilimitados", "Existe magnificência". Todos nós temos a capacidade de explorar esse estoque invisível e ilimitado recorrendo a nossos pensamentos e sentimentos, e trazê-lo para nossa experiência. Então escolha para si, porque só Você pode fazê-lo.

Lisa Nichols

Tudo que você deseja — toda a alegria, o amor, a abundância, a prosperidade, bem-aventurança — está ali, pronto para você pegar. E você precisa ter fome disso. Precisa ter intenção. E quando você agir intencionalmente e desejar com ardor, o Universo lhe entregará cada coisa que você desejou. Reconheça as coisas bonitas e maravilhosas a seu redor, abençoando-as e louvando-as. Por outro lado, não gaste tempo em criticar e lamentar o que hoje não funciona a seu contento. Reconheça tudo o que deseja, para poder receber mais do mesmo.

As sábias palavras de Lisa, "louvar e abençoar" as coisas a seu redor, valem ouro. Louve e abençoe tudo em sua vida! Quando você louva ou abençoa, está na mais alta freqüência do amor. Na Bíblia, os hebreus usavam o ato de abençoar para trazer saúde, riqueza e felicidade. Eles conheciam o poder da bênção. Para muitos, o único momento de abençoar é quando alguém dá um espirro; assim, não usaram em pleno proveito próprio um dos maiores poderes existentes. O dicionário define abençoar como "invocar o favor divino e outorgar bem-estar ou prosperidade"; portanto, comece agora mesmo a invocar o poder da bênção em sua vida, e abençoe tudo e todos. Faça o mesmo quanto ao elogio, pois, ao elogiar alguém ou alguma coisa você está dando amor, e emitindo aquela generosa freqüência, irá vê-la retornar a você, multiplicada por cem.

Os atos de louvar e abençoar dissolvem toda negatividade, portanto, elogie e abençoe seus inimigos. Se você amaldiçoar os inimigos, a maldição retornará para você. Se os elogiar e abençoar irá dissolver toda negatividade e desavença, e o amor da bênção e do louvor retornará para você. Enquanto abençoa e elogia, você sentirá a mudança feita para uma nova freqüência com a realimentação dos bons sentimentos.

DR. DENIS WAITLEY

À maioria dos líderes do passado faltou a parte essencial do Segredo, que é conferir poder e partilhá-lo com os demais.

Em toda a história da humanidade esta é a melhor época para se estar vivo. É a primeira vez que temos nas pontas dos dedos o poder de adquirir conhecimento.

Com esse conhecimento você está se tornando consciente — da verdade do mundo e de si mesmo. No tocante ao mundo, minhas maiores intuições do Segredo vieram dos ensinamentos de Robert Collier, Prentice Mulford, Charles Haanel e Michael Bernard Beckwith. Com essa compreensão alcancei a liberdade total. Desejo sinceramente que você atinja essa liberdade. Se o conseguir, então, por meio de sua existência e do poder de seus pensamentos, você trará o bem maior para este mundo e para o futuro de toda a humanidade.

Resumos do Segredo

- *Você atrai aquilo a que resiste, por estar intensamente concentrado nele com emoção. Para mudar alguma coisa, volte-se para si mesmo e emita um novo sinal com seus pensamentos e sentimentos.*

- *Você não pode ajudar o mundo pela concentração nas coisas negativas. Enquanto se concentra nos acontecimentos mundiais negativos, além de reforçá-los, também introduz mais coisas negativas em sua própria vida.*

- *Em vez de se concentrar nos problemas do mundo, dedique sua atenção e energia à confiança, ao amor, à abundância, à educação e à paz.*

- *Nunca ficaremos desabastecidos de coisas boas, porque elas são mais do que suficientes para todos. A vida visa à abundância.*

- *Por meio de seus pensamentos e sentimentos, você tem a capacidade de explorar o manancial ilimitado e trazê-lo para sua experiência.*

- *Louve e abençoe tudo no mundo e você dissolverá a negatividade e a desavença, e se alinhará com a mais alta freqüência — o amor.*

O Segredo para Você

DR. JOHN HAGELIN

Quando olhamos em torno, ou mesmo para nossos corpos, o que vemos é a ponta do iceberg.

BOB PROCTOR

Pense nisto por um momento: olhe para sua mão — ela parece sólida, mas na verdade não é. Se você colocá-la sob o microscópio adequado, verá uma massa de energia vibrando.

JOHN ASSARAF

Tudo é feito de uma mesmíssima coisa, seja sua mão, o oceano ou uma estrela.

DR. BEN JOHNSON

Tudo é energia, e permita-me ajudar você um pouco a entender isso: existem o Universo, nossa galáxia, nosso planeta, e depois os indivíduos, e aí, dentro desse corpo existem os sistemas de órgãos, depois as células, depois as moléculas e depois os átomos. E depois existe a energia. Logo, são muitos níveis em que pensar, mas tudo no Universo é energia.

Quando descobri O Segredo, quis saber o que a ciência e a física entendiam em termos desse conhecimento. O que encontrei foi surpreendente. Um dos fatos mais estimulantes de viver nesta época é que as descobertas da física quântica e da nova ciência estão em total harmonia com os ensinamentos do Segredo, e com tudo o que, ao longo da história, os grandes mestres têm sabido.

Na escola, nunca estudei ciência ou física e, no entanto, ao ler livros complexos sobre física quântica eu os entendi perfeitamente, porque queria entendê-los. O estudo da física quântica me ajudou a alcançar uma compreensão mais profunda do Segredo, no nível energético. Para muitos, a crença se fortalece quando vêem a perfeita correlação entre o conhecimento do Segredo e as teorias da nova ciência.

Permita-me explicar de que maneira você é a mais poderosa torre de transmissão no Universo. Em termos simples: toda energia vibra numa freqüência; por ser energia, você também vibra numa freqüência, e o que determina sua freqüência de vibração a qualquer momento dado é o que você pensa e sente. Todas as coisas que você deseja são formadas de energia e elas também estão vibrando. *Tudo* é energia.

Eis o fator deslumbrante: quando você pensa no que deseja e emite aquela freqüência faz vibrar na mesma freqüência a energia daquilo que deseja e o traz para você! Ao se concentrar no que deseja, você muda a vibração dos átomos daquela coisa, fazendo-a vibrar para você. A razão de você ser a mais poderosa torre de transmissão do Universo é ter recebido o poder de concentrar sua energia por meio de seus pensamentos e alterar as vibrações daquilo em que se concentra, o que então atrai o que deseja magneticamente para você.

Quando você pensa nas coisas que deseja, e se sente bem, imediatamente entra em sintonia com aquela freqüência, o que então leva a energia de todas aquelas coisas a vibrar para você, e elas aparecem em sua vida. Segundo a lei da atração, os iguais se atraem. Você é um ímã energético, portanto energiza eletricamente todas as coisas e se energiza eletricamente, atraindo tudo que deseja. Os seres humanos gerenciam sua própria energia magnetizante, porque ninguém externo a eles pode pensar ou sentir por eles, e nossas freqüências são criadas por pensamentos e sentimentos.

Há quase um século, sem contar com o benefício de todas as descobertas científicas dos últimos cem anos, Charles Haanel escreveu sobre o modo operacional do Universo.

> "A mente Universal não é só inteligência, é também substância, e essa substância é a força de atração que liga os elétrons pela lei da atração para formarem átomos; os átomos, por sua vez, são ligados pela mesma lei e formam

as moléculas; as moléculas assumem formas objetivas, e assim constatamos que a lei é a força criativa por trás de cada manifestação não só de átomos, mas de mundos, do Universo, de tudo o que a imaginação pode formar uma concepção."

Charles Haanel

Bob Proctor

Seja qual for a cidade onde mora, você tem no corpo quantidade suficiente de energia, de força potencial, para iluminar a cidade inteira por quase uma semana.

"Tornar-se consciente desse poder é se transformar numa 'fonte de energia'. O Universo é a fonte de energia. Ele contém energia suficiente para atender a qualquer situação da vida de qualquer indivíduo. Quando a mente individual toca a mente Universal, ela recebe todo o poder contido aí."

Charles Haanel

James Ray

A maioria dos indivíduos se define pelo corpo finito, mas você não é um corpo finito. Mesmo sob o microscópio, você é um campo de energia. O que nós sabemos sobre energia é isto: você pergunta ao físico quântico "O que cria o mundo?" e ele dirá: "A energia". Ora, descreva energia.

"Tudo bem: ela não pode ser criada nem destruída, ela sempre foi e sempre tem sido tudo que sempre existiu; ela está entrando na forma, atravessando a forma e saindo da forma." Se perguntar a um teólogo: "O que criou o Universo"? Ele dirá: "Deus". Então descreva Deus. "Sempre foi e sempre será, não pode ser criado nem destruído, tudo o que sempre foi e para sempre será, e sempre se transformando." Viu só? É a mesma descrição, mas com outra terminologia.

Então, se você se julga esse "invólucro de carne" que circula por aí, pense duas vezes. Você é um ser espiritual! Você é um campo energético, operando num campo energético mais amplo.

Como é que tudo isso faz de você um ser espiritual? Para mim, a resposta a essa pergunta é uma das partes mais maravilhosas dos ensinamentos do Segredo. Você é energia, que não pode ser criada nem destruída, apenas muda de forma. Isso quer dizer Você! A genuína essência de Você, a pura energia de Você sempre existiu e sempre existirá. Não pode jamais *não* ser.

No nível profundo, você sabe isso. Você consegue imaginar-se não sendo? Apesar de tudo que viu e vivenciou em sua vida, consegue imaginar-se não sendo? Você não consegue imaginá-lo porque é impossível. Você é uma energia eterna.

A Mente Universal Única

DR. JOHN HAGELIN

A mecânica quântica o confirma. A cosmologia quântica o confirma. Que o Universo emerge essencialmente do pensamento e que toda essa matéria que nos cerca é apenas pensamento precipitado. Em última análise, somos a fonte do Universo e, quando entendemos esse poder por meio da experiência direta, podemos começar a exercitar nossa autoridade e conseguir, cada vez mais, criar tudo. De dentro do campo de nossa própria consciência, a qual, em última análise, é a consciência Universal que governa o Universo, começar a conhecer tudo.

Assim, dependendo do modo, positivo ou negativo, de usarmos esse poder, assim será o tipo de corpo em termos de saúde, ou o tipo de ambiente que criaremos. Logo, somos os criadores não só de nosso próprio destino, porém, em última análise, os criadores do destino Universal. Somos os criadores do Universo. Portanto, para o potencial humano realmente não há limite. É até onde reconhecemos aquele dinamismo profundo e o exercitamos, até onde utilizamos nosso poder. Isso realmente tem a ver, também, com o nível no qual pensamos.

Alguns dos maiores mestres e avatares descreveram o Universo da mesma forma que o dr. Hagelin, afirmando que só existe a Mente Universal Única, e que não há nenhum lugar onde ela não esteja. Ela existe em tudo. A Mente Única é toda inteligência, toda sabedoria e toda perfeição, e ela é tudo, e está em toda parte ao mesmo tempo. Se tudo está na Mente Universal Única e sua totalidade existe em toda parte, então tudo está em Você!

Deixe-me ajudá-lo a entender o que isso significa para você. Significa que *toda possibilidade já existe*. Todo o conhecimento, todas as descobertas e todas as invenções do futuro estão na Mente Universal como possibilidades, esperando ser atraídas pela mente humana. Na história, todas as criações e invenções também foram atraídas da Mente Universal, conscientemente ou não.

Como atrair coisas da Mente Universal? Basta você ter consciência dela e usar sua maravilhosa imaginação. Busque no entorno necessidades a serem atendidas. Imagine que tivéssemos uma grande invenção a fazer. Pense nas necessidades, e depois imagine e pense na forma concreta de atendê-las. Você não precisa elaborar a descoberta ou invenção, pois a Mente Suprema já contém essa possibilidade. Basta focar a mente no resultado final e imaginar a satisfação da necessidade, e você irá materializá-la. Assim como pedir, sentir e acreditar, assim também receberá. Há um acervo ilimitado de idéias esperando ser exploradas e convertidas por você em realidade. Você retém tudo em sua consciência.

"A mente divina é a única realidade."

Charles Fillmore

John Assaraf

Estamos todos conectados uns aos outros. Apenas não nos damos conta. Não existe um "lá fora" e um "aqui dentro". No Universo tudo está conectado. É tudo um mesmo campo energético.

Por isso, independentemente da forma de encarar o universo, o resultado é sempre o mesmo. Nós somos Um. Estamos todos conectados e somos parte do Campo Energético Único ou da Mente Suprema Única, ou da Consciência Única, ou a Fonte Criativa Única. Não importa como você a chame, mas todos ainda somos Um.

Se você pensar na lei da atração, em termos de todos nós sermos Um, verá a absoluta perfeição dessa lei.

Você entenderá por que seus pensamentos negativos sobre outra pessoa retornarão para ferir apenas você. Nós somos Um! Você só pode sofrer dano se suscitar o dano pela emissão de pensamentos e sentimentos negativos. Você é dotado de livre-arbítrio para poder escolher, mas quando alimenta pensamentos e sentimentos negativos está se separando do Bem Único e Total. Pense em todas as emoções negativas que existem e descobrirá que todas se fundamentam no medo. Elas têm origem nos pensamentos de separação e no ato de ver-se separado dos demais.

A competição é um exemplo de separação. Para começar, quando você tem pensamentos de competir, eles são ditados pela mentalidade de carência, como se você afirmasse que o estoque é limitado, que não há recursos suficientes para todos, obrigados então a competir e lutar por sua obtenção. Quando você compete não pode ganhar nunca, mesmo achando que sim. Pela lei da atração, ao competir, você atrai muitas pessoas e situações como adversários em cada aspecto de sua vida e, no final, perderá. Nós todos somos Um, portanto, quando compete, você age contra si. Você tem que tirar da cabeça a competição e se tornar uma mente criativa. Concentre-se apenas em *seus* sonhos, *suas* visões e elimine da equação qualquer competição.

O Universo é o suprimento e o provedor universal de tudo. Tudo se origina do Universo e é entregue a você, segundo a lei da atração, *por meio* de pessoas, circunstâncias e acontecimentos. Pense nessa lei como a lei da oferta. É ela que lhe permite se abastecer do estoque infinito. Quando você emite a freqüência perfeita daquilo que deseja, as pessoas, circunstâncias e acontecimentos perfeitos são atraídos em sua direção e entregues a você!

As coisas que você deseja não lhe são dadas por pessoas. Se mantiver essa falsa convicção, você conhecerá a carência, porque está considerando o mundo exterior e as pessoas como suprimentos. O verdadeiro suprimento é o campo invisível, quer você o chame de Universo, Mente Suprema, Deus, Inteligência Infinita ou qualquer outro nome. Sempre que recebe alguma coisa, lembre-se de que a trouxe para si pela lei da atração, e por estar sintonizado na freqüência e em harmonia com o Suprimento Universal. A Inteligência Universal que perpassa tudo mobilizou as pessoas, as circunstâncias e os acontecimentos para dar aquilo a você, porque essa é a lei.

LISA NICHOLS

Com freqüência ficamos distraídos por essa coisa chamada nosso corpo e nosso ser físico. Isso só serve para conter seu espírito. E seu espírito é tão grande, que enche um cômodo inteiro. Você é a vida eterna, Você é Deus manifestado em forma humana, feito à perfeição.

MICHAEL BERNARD BECKWITH

Espiritualmente poderíamos dizer que somos a imagem e a semelhança de Deus. Poderíamos dizer que somos outra forma de o Universo se tornar consciente de si. Poderíamos dizer que somos o infinito campo das possibilidades desdobrando-se. Tudo isso seria verdade.

"Noventa e nove por cento de quem você é está invisível e intocável."

R. Buckminster Fuller (1895–1983)

Você é Deus num corpo físico. Você é o Espírito na carne. Você é a vida eterna expressando-se como Você. Você é um ser cósmico. Você é todo poder. Você é todo sabedoria. Você é todo inteligência. Você é perfeição. Você é magnificência. Você é o criador, e está gerando sua criação neste planeta.

JAMES RAY

Todas as tradições afirmam que você foi criado à imagem e semelhança da fonte criativa. Isso quer dizer que você tem potencial e poder divinos para criar seu mundo, e você é.

Até agora, talvez você tenha criado coisas maravilhosas e dignas de você, talvez não. A pergunta que lhe proponho é: "Os resultados que você tem em sua vida são o que realmente deseja? Eles são dignos de você?" Se não forem, então não seria este o momento certo para mudá-los? Porque você tem o poder de fazê-lo.

> "Todo o poder provém de dentro e, portanto, está sob nosso controle."
>
> Robert Collier

Você Não É Seu Passado

Jack Canfield

Muitos se sentem vítimas na vida e com freqüência apontam para fatos passados, talvez a infância com pai abusivo ou família desajustada. A maioria dos psicólogos acredita que talvez 85% das famílias são desajustadas; então, de repente, você nem é tão original.

Meus pais eram alcoólatras. Meu pai abusou de mim. Minha mãe se divorciou dele quando eu tinha 6 anos... quer dizer, de uma forma ou de outra, essa é a história de quase todo mundo. A pergunta real é: o que você vai fazer agora? O que escolhe agora? Porque você tanto pode ficar focado naquilo ou pode focar no que deseja. E, quando as pessoas começam a focar no que desejam, o que elas não desejam se desfaz, e o que elas desejam se expande, e a outra parte desaparece.

> "Uma pessoa que fixe a mente no lado sombrio da vida, que fique revivendo os infortúnios e as desilusões do passado está pedindo que ocorra o mesmo no futuro. Se você nada vê no futuro senão má sorte, está pedindo por ela e certamente irá obtê-la."
>
> Prentice Mulford

Se você olhar para trás e se concentrar nas dificuldades do passado, só trará mais situações difíceis para si no presente. Abra mão de tudo aquilo, não importa o que seja. Faça isso em seu favor. Se tem mágoa de alguém ou o acusa de algo no passado, só está prejudicando a si. Você é o único que pode criar a vida que merece. Quando se concentrar deliberadamente no que deseja, quando começar a irradiar bons sentimentos, a lei de atração responderá. Você só precisa começar, e ao fazê-lo irá desencadear a magia.

LISA NICHOLS

Você é quem traça seu destino. Você é o autor. Você escreve a história. A caneta está em sua mão, e o desfecho é o que você escolher.

MICHAEL BERNARD BECKWITH

O maravilhoso na lei da atração é que você pode começar de onde está, e pode começar a pensar "pensamento real" e pode começar a gerar dentro de si o sentimento de harmonia e felicidade. A lei começará a responder a isso.

DR. JOE VITALE

Então agora você começa a ter convicções distintas, como "há recursos mais do que suficientes no Universo". Ou você tem a crença de que "Não estou envelhecendo, estou rejuvenescendo". Podemos criar do jeito que quisermos, pelo uso da lei da atração.

MICHAEL BERNARD BECKWITH

E você pode se libertar de seus padrões hereditários, códigos culturais, crenças sociais e provar de uma vez por todas que o poder que tem dentro de si é maior do que o poder que existe dentro do mundo.

DR. FRED ALAN WOLF

Você talvez esteja pensando: "Bem, está tudo muito bom, mas não posso fazer isso" ou "Ela não vai me deixar fazer isso!", ou "Ele nunca me deixará fazer isso", ou "Não tenho dinheiro bastante para fazer isso", ou "Não sou forte o bastante para fazer isso", ou "Não sou rico o bastante para fazer isso", ou "Não sou, não sou, não sou, não sou."

Cada um desses "não sou" é uma criação!

Convém estar consciente quando você diz "Não sou" e pensar sobre o que está criando ao dizê-lo. Uma importante informação intuitiva partilhada pelo dr. Wolf foi igualmente documentada por todos os grandes mestres com o poder das palavras *eu sou, eu estou*. Quando você diz "Eu sou" ou "Eu estou", as palavras seguintes invocam a criação, e com força tremenda, porque você está declarando que se trata de um fato. Você está afirmando com certeza. Então, imediatamente depois de dizer "Eu estou cansada", ou "eu estou sem dinheiro", ou "eu estou doente", ou" eu estou atrasada", ou "eu estou com excesso de peso", ou "eu estou velho", o Gênio dirá "seus desejos para mim são ordens".

Sabendo disso, não seria boa idéia começar a usar em seu proveito as duas palavras mais poderosas, EU SOU? Que tal "EU SOU a receptora de todas as coisas boas. EU SOU feliz. EU SOU abundante. EU SOU saudável. EU SOU o amor. EU SOU pontual sempre. EU SOU a eterna juventude. EU SOU cheio de energia todo dia"?

Em seu livro *The Master Key System*, Charles Haanel alega que existe uma afirmação que incorpora toda e qualquer coisa que qualquer ser humano possa querer e que essa afirmação produzirá condições harmoniosas para tudo. Ele acrescenta, "a razão é que a afirmação está em rigorosa concordância com a verdade, e, quando a verdade aparece, toda forma de erro ou discórdia deve forçosamente desaparecer."

A afirmação é esta: "Eu sou inteiro, perfeito, forte, poderoso, amoroso, harmonioso e feliz".

Se parece trabalhoso trazer do invisível para o visível aquilo que você deseja, experimente um atalho: veja como se fosse um *fato* absoluto o que deseja. E isso irá manifestar na velocidade da luz o objeto de seu desejo, no segundo em que você pedir — ele é um *fato* no campo espiritual Universal, e aquele campo é só o que existe. Quando em sua mente você concebe alguma coisa, saiba que ela é um *fato*, e sua manifestação, inquestionável.

> "Não há limite quanto ao que essa lei pode fazer por você; atreva-se a acreditar em seu próprio ideal; pense no ideal como fato já consumado."
>
> Charles Haanel

Quando Henry Ford estava apresentando ao mundo sua visão do veículo motorizado, as pessoas a seu redor o ridicularizaram e pensaram que, para perseguir uma visão tão "alucinada", devia ter enlouquecido. Henry Ford sabia muito mais do que as pessoas que zombaram dele. Ele conhecia O Segredo e a lei do Universo.

> "Quer você ache que pode, quer ache que não pode, de um jeito ou de outro você está certo."
>
> Henry Ford (1863–1947)

Você acha que pode? Com esse conhecimento pode alcançar e fazer tudo que desejar. No passado você talvez tenha subestimado sua própria inteligência. Ora, agora você sabe que você é a Mente Suprema e que pode retirar da Mente Suprema qualquer coisa que desejar. Qualquer invenção, qualquer inspiração, qualquer resposta, qualquer coisa. Você pode fazer qualquer coisa que desejar. Você é um gênio indescritível. Portanto, comece a se dizer isso e tome consciência de quem você realmente é.

MICHAEL BERNARD BECKWITH

Haverá algum limite para isso? Não, em absoluto. Somos seres ilimitados. Não há teto para nós. Capacidades, talentos, dotes e o poder que existe no interior de cada indivíduo que está no planeta são ilimitados.

Tome Consciência de Seus Pensamentos

Todo o seu poder reside em sua consciência desse poder, e na *manutenção* dele em sua consciência.

Se você permitir, sua mente pode ser um trem desgovernado. Ela pode arrastar você para pensamentos do passado e depois para pensamentos do futuro, tomar maus momentos do passado e projetá-los em seu futuro. Esses pensamentos descontrolados também criam. Quando está consciente, você está no presente e sabe o que está pensando. Você assumiu o controle de seus pensamentos, e é aí que se encontra todo o seu poder.

Portanto, como se tornar mais consciente? Um jeito é *parar* e se indagar: "O que estou pensando agora? O que estou sentindo agora?"

No momento em que você pergunta, fica consciente, porque trouxe a mente de volta ao momento presente.

Sempre que pensar nisso, traga-se de volta à consciência do agora. Faça-o centenas de vezes ao dia, porque, lembre-se, todo o seu poder está na consciência que tem de seu poder. Michael Bernard Beckwith resume a consciência desse poder quando diz: "Lembre-se de lembrar!" Essas palavras viraram o tema musical de minha vida.

Para me ajudar a ser mais consciente e *me lembrar de lembrar*, pedi ao Universo que me desse um *leve* empurrão, capaz de me devolver ao presente quando minha mente dominasse a cena e estivesse "fazendo a festa" a minha custa. O leve empurrão acontece quando esbarro em alguma coisa ou derrubo um objeto, ouço um ruído forte, uma sirene ou um alarme. Todas essas coisas me assinalam que a mente decolou e que devo voltar ao presente. Recebidos os sinais, imediatamente me pergunto: "Em que estou pensando? O que estou sentindo? Estou consciente?" E naturalmente, no momento em que o faço, estou consciente. No próprio momento em que se pergunta se está consciente, você está ali. Você está consciente.

> "O verdadeiro segredo do poder é a consciência do poder."
>
> Charles Haanel

Quando você ficar consciente do poder do Segredo e começar a usá-lo, todas as suas perguntas serão respondidas. Quando começar a ter uma compreensão mais profunda da lei da atração, irá começar a transformar em hábito fazer perguntas e, à medida que fizer, irá receber as respostas a cada uma delas. Você pode começar usando este livro para tal propósito. Se estiver buscando resposta ou orientação para sua vida, faça a pergunta, acredite que irá recebê-las e depois abra este livro ao acaso. No lugar exato em que as páginas se abrirem estarão a orientação e a resposta buscadas.

Na verdade, durante toda sua vida o Universo tem lhe respondido, mas você só pode receber as respostas se estiver consciente. Esteja consciente de tudo a seu redor, porque a todo instante você recebe respostas a suas perguntas. Os canais pelos quais elas chegam são *ilimitados*. Elas podem ser entregues sob forma de manchete de jornal que atrai sua atenção, palavras ouvidas ao passar, uma canção que toca no rádio, um letreiro no caminhão que passa ou uma súbita inspiração. *Lembre-se de lembrar*, e esteja consciente!

Em minha vida e na de outros constatei que não costumamos ter boa opinião sobre nós, nem nos amamos completamente. A falta de amor-próprio pode afastar de nós aquilo que desejamos. Quando a gente não se ama, literalmente afasta de si as coisas.

Tudo o que queremos, seja o que for, é motivado pelo amor. Destina-se à experiência do sentimento de amor na posse das coisas que queremos — juventude, dinheiro, a pessoa perfeita, o trabalho, o corpo, a saúde. Para atrair o que amamos devemos transmitir amor, e tudo imediatamente aparecerá.

A questão é que, para transmitir a mais alta freqüência do amor, você precisa amar a si, o que pode ser difícil. Se você focar no exterior e no que vê agora, poderá tropeçar, porque o que você vê e sente a seu respeito agora é o resultado daquilo que você costumava pensar. Se você não se ama, a pessoa que vê agora será provavelmente cheia dos defeitos que você enxergava em si.

Para se amar plenamente, você precisa se concentrar numa nova dimensão de si. Tem de se concentrar na *presença* dentro de si. Reserve um momento para se sentar em silêncio. Concentre-se em sentir a *presença da vida* em você. Quando se concentrar na *presença* interior, ela começará a se revelar a você. É um sentimento de puro amor e bem-aventurança, e é perfeição. Aquela *presença* é a perfeição de Você. Aquela *presença* é o *verdadeiro* Você. Enquanto se concentra nela, enquanto a sente, ama e valoriza, você se ama de forma plena, provavelmente pela primeira vez em sua vida.

Toda vez que você se observar com olhos críticos, mude imediatamente o foco para a *presença* interior, e a perfeição dela se revelará a você. Quando o fizer, todas as imperfeições que se manifestaram em sua vida se dissolverão, já que à luz dessa presença elas não podem existir. Seja seu desejo recuperar a visão perfeita, dissolver a doença e restaurar o bem-estar, transformar a pobreza em fartura, reverter o envelhecimento e a degeneração ou erradicar qualquer negatividade, concentre-se e ame a presença dentro de você, e a perfeição se manifestará.

> "A verdade absoluta é que o "eu" é perfeito e completo; o verdadeiro "eu" é espiritual e, portanto, jamais poderá ser menos do que perfeito; jamais poderá ter qualquer deficiência, limitação ou doença."
>
> Charles Haanel

Resumos do Segredo

- *Tudo é energia. Você é um ímã de energia, portanto energiza eletricamente tudo para você e se energiza eletricamente para tudo o que deseja.*

- *Você é um ser espiritual. Você é energia, e a energia não pode ser criada nem destruída — ela apenas muda de forma. Portanto, a pura essência de você sempre foi e sempre será.*

- *O Universo emerge do pensamento. Somos os criadores não só de nosso destino, mas também do Universo.*

- *Encontra-se a seu dispor um acervo ilimitado de idéias. Todo o conhecimento, todas as descobertas e invenções estão na mente Universal como possibilidades, à espera de que a mente humana venha buscá-las. Tudo está contido em sua consciência.*

- *Todos nós estamos conectados e todos somos Um.*

- *Livre-se das dificuldades de seu passado, dos códigos culturais e das crenças sociais. Só você pode criar a vida que merece.*

- *Um atalho para a manifestação dos desejos é visualizar como fato absoluto aquilo que se deseja.*

- *Seu poder está em seus pensamentos, portanto, esteja consciente, ou seja, "lembre-se de lembrar."*

O Segredo para a Vida

Neale Donald Walsch

ESCRITOR, CONFERENCISTA INTERNACIONAL E MENSAGEIRO ESPIRITUAL

No céu não existe um quadro-negro em que Deus escreveu o objetivo e a missão que você tem na vida. Não há no céu um quadro-negro que diga "Neale Donald Walsch, homem bonito que viveu na primeira parte do século XXI, que..." seguido de um espaço em branco. E tudo o que eu preciso fazer para entender de vez o que estou fazendo aqui e por que estou aqui, é encontrar aquele quadro-negro e descobrir o que Deus realmente pretende para mim. Mas não existe esse quadro-negro.

Portanto, seu objetivo, é o que você determinar. Sua missão é a que você se atribui. Sua vida será do jeito que você a criar, e ninguém irá julgá-la, nem agora, nem nunca.

Você pode preencher o quadro-negro de sua vida com o que desejar. Se o preencheu com o que traz do passado, limpe-o. Apague tudo que não lhe serve do passado, agradecendo por tê-lo trazido agora a este lugar e a um novo começo. Você tem uma lousa limpa e pode recomeçar — aqui mesmo, agora mesmo. Encontre sua alegria e trate de vivê-la.

JACK CANFIELD

Levei muitos anos para chegar a este ponto, porque fui criado com a noção de que havia algo que eu deveria fazer, e, se eu não fizesse, Deus não ficaria satisfeito comigo.

Quando entendi concretamente que minha meta principal era sentir e vivenciar alegria, comecei a fazer só o que me alegrasse. Meu lema é: "Se não é divertido, não faça!"

NEALE DONALD WALSCH

Alegria, amor, liberdade, felicidade, riso. É disso que se trata. E se você se alegra em ficar sentado meditando por uma hora, por Deus! então vá fundo! Se se alegra em comer um sanduíche de salaminho, então vá fundo!

JACK CANFIELD

Quando brinco com meu gato fico em estado de alegria. Quando faço um passeio pela natureza fico em estado de alegria. Portanto, quero me colocar constantemente naquele estado, e quando eu o faço, então só preciso ter a intenção do que quero para que se manifeste.

Faça as coisas que lhe trazem prazer e alegria. Se você não sabe do que gosta, pergunte: "Qual é o meu prazer?" E quando você encontrá-lo e se dedicar a ele, ao prazer, a lei da atração irá derramar em sua vida uma avalanche de coisas, pessoas, situações, acontecimentos e oportunidades alegres, só porque você está irradiando alegria.

DR. JOHN HAGELIN

Logo, a felicidade interior é concretamente o combustível do sucesso.

Seja feliz *agora*. Sinta-se bem *agora*. É só o que você precisa fazer. Se isso for tudo o que aproveitar da leitura deste livro, então você terá recebido a parte principal do Segredo.

DR. JOHN GRAY

Tudo o que nos traz bem-estar sempre irá atrair mais bem-estar.

Neste exato momento você está lendo este livro. Foi você que o atraiu para sua vida e é opção sua desejar levá-lo e utilizá-lo, se for prazeroso. Caso não seja, deixe-o de lado. Encontre algo prazeroso, que entre em ressonância com seu coração.

O conhecimento do Segredo está sendo dado a você, e o que fará com ele fica a seu critério. O que escolher para si está certo. Usá-lo, ou não usá-lo é opção. Essa liberdade lhe pertence.

"Siga sua plenitude, e o Universo lhe abrirá portas onde só havia paredes."

Joseph Campbell

LISA NICHOLS

Quando você segue sua plenitude, vive num espaço constante de alegria. Você se abre à abundância do Universo. Encontra estímulo em partilhar a vida com seus amados, e a animação, a paixão, a alegria que sente se tornam contagiosas.

DR. JOE VITALE

É isso que faço praticamente o tempo todo — seguir minha empolgação, minha paixão, meu entusiasmo — passo o dia inteiro fazendo isso.

BOB PROCTOR

Desfrute a vida, porque ela é fenomenal! É uma viagem magnífica!

MARIE DIAMOND

Você viverá uma realidade diferente, uma vida diferente. E as pessoas vão olhar para você e dizer "O que você faz que eu não faço?" Bem, a única diferença é que você trabalha usa O Segredo.

MORRIS GOODMAN

E então você pode fazer, ter e ser tudo o que antes os outros consideraram impossível você fazer, ter e ser.

DR. FRED ALAN WOLF

Agora estamos realmente entrando numa nova era. Uma era na qual a última fronteira não é o espaço, como se diria em Jornada nas Estrelas, *mas a Mente.*

DR. JOHN HAGELIN

Vejo um futuro de potencial ilimitado, possibilidades ilimitadas. Lembrem-se de que estamos usando no máximo 5% do potencial da mente humana. Cem por cento do potencial humano é o resultado da educação adequada. Então imagine um mundo em que as pessoas usem seu pleno potencial mental e emocional. Mas poderíamos chegar a qualquer parte. Poderíamos fazer qualquer coisa. Conquistar qualquer coisa.

Este momento de nosso glorioso planeta é o momento mais estimulante da história. Iremos ver e viver como o impossível se torna possível em cada campo ou disciplina do esforço humano. Quando nos livrarmos de todos os pensamentos de limitação e soubermos que somos ilimitados, vivenciaremos a opulência ilimitada da humanidade que se expressa no esporte, na saúde, na arte, na tecnologia, na ciência e em cada um dos campos da criação.

Assuma Sua Magnificência

BOB PROCTOR

Veja a si mesmo com o bem que você deseja. Cada livro religioso nos diz isso, cada livro importante da filosofia, cada grande líder, todos os avatares que já viveram. Volte atrás e estude os sábios. Muitos deles foram apresentados a você neste livro, e todos eles entendem uma coisa. Eles entendem O Segredo. Agora você também o entende. E quanto mais usá-lo, mais irá entendê-lo.

O Segredo está dentro de você. Quanto mais usar o poder dentro de si, mais o atrairá para você. Chegará o momento em que não precisará mais praticá-lo, porque você vai Ser o poder, vai Ser a perfeição, vai Ser a sabedoria, vai Ser a inteligência, vai Ser o amor, e vai Ser a alegria.

LISA NICHOLS

Você chegou a essa conjuntura de sua vida simplesmente porque algo em seu íntimo insistia "Você merece ser feliz". Você nasceu para acrescentar alguma coisa, para agregar valor a este mundo. Para ser simplesmente algo maior e melhor do que você foi ontem.

Cada coisa pela qual você passou, cada momento que atravessou, tudo visava a preparar você para este exato momento. Imagine o que poderá fazer, de hoje em diante, com o que sabe agora. Você agora entende que é o criador de seu destino. Então, quanto mais precisará fazer? Quanto mais precisará ser? Quantas pessoas mais precisará abençoar, em razão de sua mera existência? O que você fará com o momento? Como irá aproveitar o momento? Ninguém mais poderá dançar sua dança, ninguém mais poderá cantar sua música, ninguém mais poderá escrever sua história. Quem você é, e o que você faz começam agora mesmo!

MICHAEL BERNARD BECKWITH

Acredito que você é grande, que existe algo de magnífico em você. Independentemente do que lhe tenha acontecido na vida. Independentemente do quanto se considera jovem ou velho. No momento em que você começar a "pensar adequadamente", começará a emergir esse algo que existe dentro de você, este poder em seu íntimo que é maior que o mundo. Ele tomará posse de sua vida. Ele irá alimentar você, vestir você, proteger você, dirigir você, sustentar sua existência. Se você consentir. Isso é o que eu sei com certeza.

A Terra gira em sua órbita por Você. Nos oceanos, a maré sobe e desce por Você. Os pássaros cantam por Você. O sol nasce e se põe por Você. As estrelas surgem por Você. Cada coisa bonita que vê, cada coisa maravilhosa que vivencia, todas estão aí, por Você. Olhe a seu redor. Nada disso poderia existir sem Você. Não importa quem você pensou que fosse, agora sabe Quem Você Realmente É. Você é o senhor do Universo. Você é o herdeiro do Reino. Você é a perfeição da vida. E agora conhece o segredo!

Que a alegria esteja com você!

> "O Segredo é a resposta a tudo que foi, tudo que é, e tudo que algum dia será."
>
> Ralph Waldo Emerson

Resumos do Segredo

- *Você precisa preencher o quadro-negro de sua vida com o que deseja.*
- *Tudo que precisa fazer é sentir-se bem agora.*
- *Quanto mais usar o poder que tem dentro de si, mais poder irá atrair por seu intermédio.*
- *O momento de assumir sua magnificência é agora.*
- *Estamos no meio de uma era gloriosa. Quando pararmos de limitar nossos pensamentos, iremos vivenciar a verdadeira magnificência da humanidade, em cada área da criação.*
- *Faça o que você ama. Se não souber o que lhe traz satisfação, pergunte: "Qual é minha alegria?" Quando se comprometer com ela, irá atrair uma avalanche de coisas alegres, porque estará irradiando alegria.*
- *Agora que você aprendeu o conhecimento do Segredo, fica a seu critério o que fará com ele. O que escolher será correto. O poder é todo seu.*

Biografias

JOHN ASSARAF

Ex-menino de rua, é hoje escritor best-seller em diversos países. Além de levar uma vida extraordinária, é conferencista e consultor de negócios, especializado em ajudar empreendedores a expandir seus negócios. John dedicou os últimos 25 anos a pesquisar o cérebro humano, a física quântica e estratégias empresariais, relacionado-as à aquisição de sucesso, com o objetivo de criar estratégias de sucesso nos negócios e na vida. Aplicando o que aprendeu, construiu quatro empresas multimilionárias, a partir do zero, e agora compartilha com empreendedores e microempresários do mundo inteiro suas originais idéias de como construir empresas e ganhar dinheiro. Visite www.onecoach.com para conhecer mais.

MICHAEL BERNARD BECKWITH

Em 1986, esse trans-religioso progressista não-alinhado fundou o Agape International Spiritual Center, que reúne 10 mil membros locais e centenas de milhares de amigos e afiliados mundo afora. Participa de debates internacionais com luminares espirituais, como Sua Santidade, o Dalai Lama; o dr. A.T. Ariyaratne, fundador da Sarvodaya; e Arun Gandhi, neto de Mahatma Gandhi. É co-fundador da Association for Global New Thought, que todos os anos reúne em um congresso internacional cientistas, economistas, artistas e líderes espirituais vanguardistas na tarefa de guiar a humanidade para seu potencial máximo.

Ensina meditação e prece científica, coordena retiros e faz palestras em congressos e seminários. É o criador do método Life Visioning Process e autor de *Inspirations of the Heart, 40 Day Mind Fast Soul Feast* e *A Manifesto of Peace*. Acesse www.Agapelive.com para mais informações.

Genevieve Behrend (c. 1881–c. 1960)

Estudou com o grande juiz Thomas Troward, um dos primeiros professores de metafísica espiritual e autor de *Mental Science*, que a escolheu como discípula. Ensinou, estudou e praticou ciência da mente na América do Norte durante 35 anos, além de escrever seus populares livros *Your Invisible Power* e *Attaining Your Heart's Desire*.

Lee Brower

Fundador e diretor da Empowered Wealth, uma firma de consultoria internacional que oferece a empresas, fundações, famílias e indivíduos sistemas e soluções para fortalecer áreas como Núcleo, Experiência, Contribuição e Ativos Financeiros. Também criou a Quadrant Living Experience, LLC, pequena firma que licencia e treina uma rede internacional de consultores da Quadrant Living. É co-autor de *Wealth Enhancement and Preservation* e autor de *The Brower Quadrant*. Visite www.quadrantliving.com.

Jack Canfield

Autor de *The Success Principle*™, é co-criador da fenomenal série *Chicken Soup for the Soul*®, que durante muito tempo ficou em primeiro lugar na lista de best-sellers do *New York Times* e já vendeu mais de 100 milhões de exemplares. Principal especialista nos Estados Unidos em criar avanços de sucesso para empreendedores, líderes empresariais, administradores, profissionais de vendas, empregados e educadores, ajudou centenas de milhares de indivíduos a realizar sonhos. Visite www.jackcanfield.com para mais informações.

ROBERT COLLIER (1885–1950)

Prolífico e bem-sucedido escritor americano, todos os seus livros, que incluem *The Secret of the Ages* e *Riches Within Your Reach*, se fundamentam em sua própria e extensa pesquisa na área da metafísica e na convicção pessoal de que sucesso, felicidade e abundância são alcançáveis por todos. Os trechos aqui reproduzidos são da coletânea *The Secret of the Ages*, com o generoso consentimento da Robert Collier Publications.

DR. JOHN F. DEMARTINI D.C., B.SC.

Demartini, que chegou a ser considerado portador de déficit de aprendizagem, hoje é médico, filósofo, escritor e conferencista internacional. Durante muitos anos manteve uma bem-sucedida clínica quiroprática e foi indicado para Quiroprático do Ano. Dr. Demartini é consultor de profissionais de saúde, escreve e dá conferências sobre cura e filosofia. Suas metodologias de transformação pessoal têm ajudado milhares de pessoas a organizar suas vidas e encontrar felicidade. Sua página na internet é www.drdemartini.com.

MARIE DIAMOND

Mestre de Feng Shui conhecida internacionalmente, vem praticando suas técnicas há mais de vinte anos, refinando o conhecimento que recebeu muito jovem. Tem dado consultoria a numerosas celebridades de Hollywood, importantes diretores e produtores de cinema, gigantes da música e escritores famosos. Ela ajudou muitas figuras públicas renomadas a obter ainda mais êxito nas diversas áreas de suas vidas. Marie criou o Diamond Feng Shui, o Diamond Dowsing e o Inner Diamond Feng Shui para fazer a ponte da lei da atração no ambiente do indivíduo. Ver também www.mariediamond.com.

MIKE DOOLEY

Mike não se diz professor ou conferencista "de carreira", mas "aventureiro da vida" que tem navegado com sucesso o mundo empresarial. Depois de trabalhar mundo afora para a Price Waterhouse, em 1989 fundou a Totally Unique Thoughts (TUT) para comercializar sua própria linha de produtos inspiracionais. Começando do zero, a TUT transformou-se em uma cadeia regional de lojas, foi distribuída por todas as maiores lojas de departamento dos EUA e atingiu consumidores ao redor do mundo graças a centros de distribuição no Japão, na Arábia Saudita e na Suíça, vendendo mais de 1 milhão de camisetas Totally Unique®. Em 2002, transformou a TUT na empresa virtual Adventurers Club, inspiracional e filosófica, que agora supera 60 mil associados em mais de 169 países. É autor de diversos livros, entre eles *Notes from the Universe*, e do programa radiofônico internacionalmente aclamado *Infinite Possibilities: The Art of Living Your Dreams*. Você pode saber mais sobre Mike e TUT em www.tut.com.

Bob Doyle

Criador e difusor do programa Wealth Beyond Reason, tem respeitável currículo multimídia sobre a lei da atração e sua aplicação prática. Bob se concentra na ciência da lei da atração para ajudar você a ativar mais objetivamente a lei em sua vida e atrair riqueza, sucesso, relações maravilhosas e tudo mais que você queira. Visite www.wealthbeyondreason.com para mais informações.

Hale Dwoskin

Autor de *The Sedona Method*, best-seller do *New York Times*, dedicou-se a libertar pessoas de crenças limitantes, para ajudá-las a alcançar o que seus corações desejam. O método é uma técnica original e poderosa que mostra a você como se livrar de sentimentos, crenças e atitudes limitantes e dolorosas. Hale ensinou esses princípios a empresas e indivíduos mundo afora durante os últimos trinta anos. Sua página é www.sedona.com.

Morris Goodman

Apelidado de "Homem-Milagre", Morris ocupou as manchetes em 1981, quando se recuperou de terríveis ferimentos depois de ter sofrido um acidente com seu avião. Disseram-lhe que jamais voltaria a caminhar, falar ou viver normalmente. Hoje viaja pelo mundo inspirando e reerguendo milhares de pessoas com sua história surpreendente. Sua mulher, Cathy Goodman, também é apresentada em *The Secret — O Segredo.* Visite www.themiracleman.org para saber mais.

JOHN GRAY, PH.D.

Autor de *Homens são de Marte, mulheres são de Vênus,* o best-seller número um da década de 1990, que vendeu mais de 30 milhões de exemplares, e de 14 outros best-sellers, coordena seminários para milhares de participantes. Seu foco é ajudar homens e mulheres a entender, respeitar e apreciar as diferenças mútuas, tanto nas relações pessoais quanto nas profissionais. Seu novo livro é *The Mars and Venus Diet and Exercise Solution.* Saiba mais em www.marsvenus.com.

CHARLES HAANEL (1866–1949)

Bem-sucedido empresário americano e autor de diversos livros com suas idéias e seus métodos para alcançar a realização em sua própria vida. Sua obra mais famosa é *The Master Key System,* que oferece 24 lições semanais para alcançar a realização, e é tão popular hoje quanto em sua primeira publicação, em 1912.

JOHN HAGELIN, PH.D.

Mundialmente famoso como físico quântico, educador e especialista em políticas públicas, é autor do livro *Manual for a Perfect Government*, que explica como solucionar os grandes problemas sociais e ambientais e criar paz mundial com políticas harmonizadas às leis naturais. Recebeu o prestigioso prêmio Kilby, concedido a cientistas que fizeram importantes contribuições à sociedade. Foi candidato à presidência dos Estados Unidos pelo Natural Law Party em 2000. Considerado um dos maiores cientistas do planeta, em www.hagelin.org você tem mais informações a seu respeito.

BILL HARRIS

Conferencista profissional, professor e empresário. Depois de estudar especialistas antigos e modernos na natureza da mente e as técnicas de transformação, criou a Holosync, uma tecnologia de áudio que explora os benefícios da meditação profunda. Sua empresa, Centerpointe Research Institute, permitiu a milhares de pessoas no mundo inteiro uma vida mais feliz e sem estresse. Visite www.centerpointe.com para saber mais.

DR. BEN JOHNSON M.D., N.M.D., D.O.

Originalmente formado na medicina ocidental, interessou-se pela cura energética depois de superar uma doença fatal gravíssima usando métodos pouco convencionais. Está principalmente interessado em The Healing Codes, uma forma de cura descoberta pelo dr. Alex Lloyd, com quem atualmente dirige a empresa The Healing Codes Company, que distribui os ensinamentos formulados a partir de pesquisas. Em www.healingcodes.com há mais informações.

Loral Langemeier

Fundadora de Live Out Loud, que oferece consultoria para os indivíduos alcançarem seus objetivos financeiros. Acredita que a atitude é a chave para a construção da riqueza, e tem ajudado muita gente a se tornar milionária. Loral faz palestras para indivíduos e corporações, repassando seus conhecimentos e técnicas. Sua página é www.liveoutloud.com.

Prentice Mulford (1834–1891)

Um dos fundadores e um dos primeiros escritores do movimento Novo Pensamento, viveu grande parte da vida recluso. Influenciou incontáveis escritores e professores com sua obra, que lida com leis mentais e espirituais. Os títulos incluem *Thoughts Are Things* e *The White Cross Library*, uma coletânea de seus numerosos ensaios.

Lisa Nichols

Ardente defensora do fortalecimento do poder pessoal, fundou e dirige dois programas de capacitação, Motivating the Masses e Motivating the Teen Spirit, que visam a levar mudanças à vida de adolescentes, de mulheres e de empreendedores, além atender a escolas, clientes corporativos, consultorias de *empowerment* e programas de assistência ligados a igrejas. Lisa é co-autora de *Chicken Soup for the African American Soul*, da série internacional de best-sellers *Chicken Soup*. Sua página na internet é www.lisa-nichols.com.

Bob Proctor

Sua formação vem de uma linhagem de grandes professores. Andrew Carnegie a transmitiu a Napoleon Hill, e este a Earl Nightingale, que então passou o bastão a Bob Proctor. Trabalhou mais de quarenta anos na área de potencial mental. Viaja pelo mundo ensinando O Segredo, ajudando empresas e indivíduos a criar vidas de prosperidade e abundância por meio da lei da atração. Autor do best-seller internacional *You Were Born Rich*. Visite www.bobproctor.com para saber a seu respeito.

JAMES ARTHUR RAY

Permanente estudioso dos princípios da verdadeira riqueza e prosperidade, James criou The Science of Success and Harmonic Wealth, que ensina pessoas a obter ganhos ilimitados em todas as áreas: financeira, relacional, intelectual, física e espiritual. Seus métodos de desempenho pessoal, programas de treinamento empresarial e assessorias de treinamento são utilizados no mundo inteiro, divulgados em suas regulares conferências sobre os temas da verdadeira riqueza, do sucesso e do potencial humano. Especialista em muitas tradições orientais, indígenas e místicas. Sua página é www.jamesray.com; visite-a.

DAVID SCHIRMER

Bem-sucedido corretor, investidor e consultor de investimentos, coordena oficinas, seminários e cursos. Sua empresa, a Trading Edge, ensina as pessoas a obter ganhos financeiros ilimitados por meio do desenvolvimento da atitude propícia à riqueza. Sua análise dos mercados de ações e *commodities* da Austrália e de outros países é altamente conceituada graças à sua habitual precisão. Acesse www.tradingedge.com.au e saiba mais.

MARCI SHIMOFF, MBA

Co-autora de *Chicken Soup for the Woman's Soul* e *Chicken Soup for the Mother's Soul*, livros de enorme sucesso. Líder transformacional que fala com paixão sobre desenvolvimento pessoal e felicidade, dirige seu trabalho especialmente à melhoria da vida das mulheres. Também é co-fundadora e presidente do The Esteem Group, empresa que oferece programas de auto-estima e inspiração para mulheres; www.marcishimoff.com é sua página.

Dr. Joe Vitale, MSc.D.

Vitale, que, há vinte anos era morador de rua, hoje é considerado um dos maiores especialistas mundiais em marketing. Escreveu muitos livros sobre os princípios do sucesso e da abundância, entre eles os campeões de venda *Life's Missing Instruction Manual, Hypnotic Writing* e *The Attractor Factor*. Com doutorado em ciência metafísica, é hipnoterapeuta diplomado, metafísico praticante, ministro ordenado e praticante da cura Chi Kung. Visite www.mrfire.com para mais informações.

Dr. Denis Waitley, Ph.D.

Um dos autores, conferencistas e consultores mais respeitados dos Estados Unidos em realizações humanas de alto desempenho. Contratado para treinar astronautas da Nasa, implementou depois o mesmo programa com atletas olímpicos. Seu audiolivro *The Psychology of Winning* é um programa de autodomínio de sucesso comercial permanente; Waitley é também autor de 15 livros de não-ficção, incluindo diversos best-sellers internacionais. Sua página na internet é www.waitley.com.

Neale Donald Walsch

Mensageiro espiritual moderno e bem-sucedido autor da inovadora série *Conversando com Deus*, que bateu todos os recordes da lista de best-sellers do *New York Times*, Neale também publicou 22 livros, além de programas de vídeo e áudio, e viaja pelo mundo levando a mensagem de uma Nova Espiritualidade. Pode ser contatado em www.nealedonaldwalsch.com.

Wallace Wattles (1860–1911)

Nascido nos Estados Unidos, passou muitos anos estudando diversas religiões e filosofias antes de começar a escrever sobre a prática dos princípios do Novo Pensamento. Seus numerosos livros tiveram significativo impacto em professores de prosperidade e sucesso da atualidade. Sua obra mais famosa é o clássico de prosperidade *The Science of Getting Rich*, publicado em 1910.

Fred Alan Wolf, Ph.D.

Físico, escritor e conferencista, com doutorado em física teórica, dr. Wolf lecionou em universidades mundo afora, e seus textos sobre física quântica e consciência são bem conhecidos. É autor de 12 livros, incluindo *Taking the Quantum Leap*, que ganhou o National Book Award. Continua escrevendo e fazendo conferências mundo afora, e realiza sua fascinante pesquisa sobre a relação entre física quântica e consciência. Visite sua página, www.fredalanwolf.com.

Que o segredo traga amor e alegria
à sua existência inteira.

Essa é minha intenção para você e para o mundo.

Para saber mais:
www.conhecaosegredo.com.br
www.thesecret.tv.